Schaer **Feuer des Eros**

Bernhard Schaer

Feuer des Eros

Die Wiedervereinigung der männlichen und weiblichen Energien

Atlantis

ATLANTIS wird herausgegeben von Hans Christian Meiser.

Die Deutsche Bibliothek – CIP-Einheitsaufnahme
Schaer, Bernhard:
Feuer des Eros: die Wiedervereinigung der männlichen und weiblichen Energien / Bernhard Schaer. – Kreuzlingen ; München : Hugendubel, 2000
(Atlantis)
ISBN 3–7205–2138–9

Umschlaggestaltung: Zembsch'Werkstatt, München, unter Verwendung der Skulptur »Der Kuß« von Auguste Rodin
Produktion: Maximiliane Seidl
Satz: EDV-Fotosatz Huber/Verlagsservice G. Pfeifer, Germering
Druck und Bindung: GGP Media, Pößneck
Printed in Germany

ISBN 3-7205-2138-9

Inhalt

Vorwort 9

I. Teil
EROS IN DER GESCHICHTE –
EIN UNEINGELÖSTER MYTHOS

1. Kapitel
SPRACHEN DER SEELE
Wann und wie wir Menschen in die Geschichte unseres Lebens eintreten 15
– Erste Übung: *Eine Sehnsucht mit dem gegenwärtigen Augenblick verbinden* 23
– *Über Form und Bedeutung der Symbole* 24
– *Transzendenz und Exil der Seele* 29
– Zweite Übung: *Wegweiser in eine mögliche Zukunft* 33

2. Kapitel
EROS UND PSYCHE
Wie die Seele aus der Begegnung mit dem Gegengeschlechtlichen lernt, mündig und ganz an der Welt zu partizipieren 41

– *Der schöpferische Appell der weiblichen Energien* 41
– *Die Erzählung von Eros und Psyche* 50
– *Die Seele in der Geschichte. Oder: dem Mythos eine Richtung geben* 65

3. Kapitel
ERINNERTE LANDSCHAFTEN DER ZUKUNFT
Welche Stufen der Erfahrung uns nützlich sind, um den Zusammenhang zwischen Eros, Seele und Kreativität zu erkennen und warum 93
– Dritte Übung: *Tanzen auf der Schwelle zum Anderen. Einladung zu einer Meditation* . . . 98
– Vierte Übung: *Der Baum der Erkenntnis. Eine zeremonielle Reise zu sich selbst* 109
– Fünfte Übung: *Brücken in unser Leben. Eine Visionssuche* 128

II. Teil
VERMÄCHTNIS, VERHEISSUNGEN, BEGEGNUNGEN

4. Kapitel
AUFBRUCH UND ENTGRENZUNG
Was uns der Mythos von Gilgamesch über die Ablösung des Instinkthaften durch ein selbstbestimmtes Handeln zeigt 137
– *Uruk: Die Stadt als mythische Zone des Kampfes und der Freundschaft von Himmel und Natur* . . . 138
– *Erinnerung an die Große Göttin als Wendezeit der Kultur* 144

– *Aufbruch eines Helden an die Ränder der Zeit* .. 155
– *Wie Gilgamesch die Frage nach der eigenen Begrenzung verstehen lernt* 170
– Sechste Übung: *Feuer des göttlichen Eros – Eine Morgenmeditation* 178

5. Kapitel
ENTZWEIUNG IN DER ENGE
Wie zweierlei Denken vielerlei Köpfe hervorbringt und die Kultur in Europa Risse zu zeigen beginnt .. 181
– *Zwei Meister der verschiedenen Denkungsart* ... 182
– *Der verfehlte Dialog* 190
– Siebte Übung: *Auf der Suche nach Einwohnung – Eine Abendmeditation* 192

6. Kapitel
ENTFLAMMUNG NEUER WELTEN
Wie Feuer und Bewegung den Menschen zu dem Bewusstsein brachten, dass Hoffung und Verlust gleichermaßen zu seinem Schicksal gehören 195
– *Die Wiederentdeckung der Menschenwürde* 196
– *Das Leiden an der Kultur* 199
– *Eine folgenreiche Entzweiung* 202

7. Kapitel
DER NEUZEITLICHE WEG IN DIE DOPPELWAHRHEITEN
Warum es wichtig ist, vor dem Bruch in der Zivilisation nicht die Augen zu verschließen, sondern sich über dessen Konstellation klarer zu werden 207

– *Kein neues Gestirn, sondern eine neue Sicht auf das eigene Gestirn* 208
– *Als das Denken aus der Religion auszog* 212
– *Versuche, einen neuen Anlauf zu nehmen und sich selbst zu gewinnen* 218
– *Über dem Abgrund balancieren* 224
– Achte Übung: *Eros in der Natur – Eine von Neuem aufzunehmende Verbindung* . . 232

8. Kapitel
INITIATIONSPROZESSE IN DIE MODERNE
Über die Notwendigkeit, der menschlichen Initiation in unserer Zeit eine Richtung ins Zeitlose zu weisen 235
– *Gott würfelt nicht – Der Geist in der Materie* 235
– *Das Wunderbare in den Welten* 239
– Neunte Übung: *Eros zwischen Mann und Frau* . . 246

9. Kapitel
EPILOG
– *Ausblicke ins Zeitlose* 247

Anmerkungen 259

Vorwort

Motivation, Inspiration und Energie zur Thematik dieses Buches kommen weitgehend aus Erfahrungen, die mir als allein erziehendem Vater zugewachsen sind. Mit Jessica hat sich – persönlich und kulturell – nochmals ein neuer Horizont gezeigt. Von meiner Erziehung her war ich gewohnt, immer auch an ein Ende zu denken und zuweilen auch bis ans Ende zu gehen. Aber ich hatte nicht gelernt, in Anfängen zu denken und zu fühlen. Und so war es für mich eine überwältigende Erfahrung, eine neu einsetzende Lebenskurve mitzuerleben und mitzutragen und die Welt erstmals aus den Augen eines weiblichen Wesens zu betrachten, dem noch alles offen und versprochen ist.

So wie ich an mir selbst erlebte, wie sich traditionelle Geschlechterrollen verwischen, wurde ich auch des viel tiefer liegenden Transformationsprozesses über die Entstehung eines unabhängigen weiblichen Bewusstseins gewahr. Diesen unumkehrbaren und notwendigen Prozess auch von männlicher Seite zu nähren, ist eine wunderbare Herausforderung, denn es wird unsere Beziehungen und unsere Zukunft weit tiefer prägen und verändern als alle anderen Erneuerungen.

Während also der erste Teil dieses Buches durch Mythen, Geschichten, Übungen und zeremonielle Reisen ins Herz von Eros, Seele und Kreativität zu geleiten sucht, zeigt der zweite Teil, wie unsere kulturelle Geschichte sich im Medium einer Gefangenschaft des männlichen Bewusstseins verstrickte. Aber sie trägt auch das Potential in sich, um künftig als Instrument der Befreiung zu wirken. Das ebenso ruhelose wie innovative männliche Suchen nach Wahrheit und Wirklichkeit hat uns zwar uns selbst entfremdet, brachte aber auch einen fundamental eigenständigen Menschen hervor. Und erst dieser ist bereit und fähig, die ebenbürtige Begegnung und Wiedervereinigung des Weiblichen und Männlichen zu initiieren. Doch während wir den weiblichen Energien vertrauen und folgen können, muss die männliche Energie ihr Ego-Bewusstsein als erstes zurücknehmen, um gemeinsame Schritte in die Zukunft wagen zu können. Das hat schon einmal seine Realität in einem kühnen Gedanken erhalten. Die jüdische Deutung des Schöpfungsmythos schenkt uns nämlich eine Vorstellung von Gott, der sich immer mehr zurücknimmt, um so den Prozess der Schöpfung auf die stets neue Vollendung hin offen zu halten.

Mein erster und herzlichster Dank gilt deshalb Jessica. Im weiteren danke ich unseren Familienangehörigen und den Lehrern und Lehrerinnen, die uns beiden anregende Begleitung auf dem Lebensweg gewesen sind oder es noch sein werden. Dann erstatte ich auch Dank an einige Seminardozentinnen, mit denen ich zusammenarbeiten konnte und die ich als Coaches, Philosophinnen, Kunst

Schaffende, Wissenschaftlerinnen sowie als Vermittler eines transzendenzbezogenen Wissens schätzen lernte. Es waren dies vor allem: Marion Woodman, Gabrielle Roth, Irina Tweedie und Ruth C. Cohn. Viele Vertreter aus unterschiedlichen Kulturen dieser Welt, unter ihnen Thich Nhat Hanh, Lama Chagdud Tulku Rinpoche, Rabbi Lynn Gottlieb und Dhyani Ywahoo sind in diesen Dank eingeschlossen. Wichtig ist mir außerdem, jenen Freuden zu danken, die den geistigen und kulturellen Dialog gefördert haben. Hervorheben an dieser Stelle möchte ich Jacques Picard, mit dem ich mich auch darin verbunden fühle, dass er die Erfahrung mit seiner Tochter stets reflektierend teilt.

So können wir uns denn auf den Weg durch dieses Buch begeben.

Bernhard Schaer
Zürich, im Mai 2000

I. Teil

EROS IN DER GESCHICHTE – EIN UNEINGELÖSTER MYTHOS

1. Kapitel

SPRACHEN DER SEELE

Wann und wie wir Menschen in die Geschichte unseres Lebens eintreten

Wir leben in einer Zeit, in der der Mensch sich macht oder gemacht wird, sich findet oder gefunden wird, sich weiter sucht oder gesucht wird, bis er nichts Vertrautes mehr an sich hat. Keine Ideale, nichts Unveränderbares, nichts Überkommenes, woran er sich – so scheint es – noch orientieren könnte.

Wir erleben uns selbst als einen Versuch, als einen Übergang, als eine Gratwanderung zwischen Natur und Geist. Zum Geistigen, zum Spirituellen hin ruft uns die höchste und innerste Bestimmung. Zum Natürlichen, Körperlichen, Unschuldigen, Naiven lockt uns die tiefste Sehnsucht.

Nur, wer führt uns durch die diesseitige Welt unserer Leiden, Irrtümer, Missverständnisse und Rätsel hindurch? Genau betrachtet, können wir wohl nur noch unserem *Heimweh* vertrauen. Daraus zu folgern, es gebe nun nichts Wichtigeres, als den direkten Weg zu sich selbst anzustreben, ist jedoch zu arglos gedacht und vielen Vorschnellen gar nicht gut bekommen. Ratsamer ist es, zuerst ein paar Vorbereitungen zu treffen, um sich selbst dort zu empfangen. Auf dieser Reise ist es äußerst wichtig, zuerst einmal sich selbst zu respektieren, indem wir unserer verletzlichen Komplexität die Treue halten. Wollen wir auf dieser Reise das Gleichgewicht bewahren, müssen wir Inneres und Äußeres, Zeitliches und Zeitloses, Bekanntes und Unbekanntes, Sichtbares und Unsichtbares, so gut es geht, zusammenhalten. Jeder von uns trägt eine einmalige, unverwechselbare Welt in sich und ist dazu auserwählt, Gestalter und Künstler seines eigenen Lebens zu sein.

Was ich Ihnen also zu geben habe, sind Anstöße, Schlüssel und Gelegenheiten, die Energien Ihres Eros, Ihrer schöpferischen Kräfte, Ihrer Seele zu befreien. Die Geschichten, Mythen, Übungen und Zeremonien dieses Buches werden die Sternbilder Ihrer Seele – der unzerstörbare Wert und Reichtum Ihres Lebens – wieder aus dem Vergessen herausholen und die anfänglich zerstreuten Bilder in natürlicher Weise zusammenführen, bis diese als Ganzes zum Bild Ihres Lebens werden.

Alles Menschliche – Kindheit, Jugend, Erwachsensein, Alter, Leben, Handeln und Lieben – erzeugt und hinterlässt in unserer Seele Bilder. Allerdings, ganz erschaffen, ganz Mensch sind wir dadurch noch lange nicht. Erst durch dieses Gewahrwerden beginnen wir die Forderung des Unbekannten, des Geistes, der Seele zur Menschwerdung als eine ferne, ebenso faszinierende wie erschreckende Möglichkeit zu fühlen, zu verstehen und im glücklichsten Falle auch anzunehmen.

Diese Annahme besteht darin, eine bejahende Beziehung zum eigenen Leben, Handeln und Lieben zu entwickeln. Nun sehen wir ja gewöhnlich die Dinge des Lebens nur von einer Blickrichtung. Und wenn wir dem Unbekannten gegenüberstehen – als Kind der Welt, als

Jugendlicher der Sexualität, als Erwachsener dem Geist und im Alter dem Tod – sind wir immer zuerst erschrocken und fasziniert zugleich. Sobald wir aber beginnen, dem Unbekannten zuzustimmen, wird die Welt von Neuem vertraut. Das Leben in ihr wandelt sich von einer Möglichkeit zu einer Wirklichkeit, die Sexualität wird zur eigenen Weiblichkeit oder Männlichkeit, der Geist zum eigenen Selbst, und der Tod verliert beides, seinen gefährlichen Zauber und seine destruktive Bedrohung. Wenn Sie Ihr bisheriges Leben betrachten und sich dieses Leben selbst erzählen, ist das wie das Hervortreten aus der Dunkelheit ins Licht. Zart und behutsam haben wir alle einmal begonnen, die Decke der Nacht von der Welt abzustreifen. Still entstand vor uns das Mysterium des ersten lichtvollen Morgens. Und der erste Tag war wie der erste Gott, so wie die erste Nacht zur ersten Göttin wurde. Unsere Lebensgeschichte beginnt wie eine Schöpfungsgeschichte.

Diese große Geschichte der Seele macht uns Träger der kleinen Seele auf eine ganz bestimmte Weise zu Einwanderern aus der Vergangenheit. Euphorie ist mit stillem Zweifel durchmischt, denn wir ahnen: das Morgenrot einer neuen Zeit erscheint wohl nicht so wie das Morgenrot des ersten Schöpfungstages. Der Bogen der Zeit ist gespannt – in kollektiver wie auch in persönlicher Hinsicht –, doch das Ziel im Raum lässt sich nie festgelegen.

Es kann jedoch im Kleinen wie im Grossen nur darum gehen, über sich, über das Bisherige hinauszuwachsen. Das ist in jedem Fall eine fordernde Prüfung, am Ende aber ein wunderbares Vergnügen. Denn letztlich haben nur jene Dinge einen Wert, die uns etwas abverlangen, die eine Anstrengung darstellen.

Also beschränken wir Einwanderer uns auf unserer Reise in eine verheißungsvolle Zukunft auf Wesentliches: auf die Integration Anderer, namentlich des anderen Geschlechts, in unser persönliches wie auch in unser kulturelles Leben. Ansetzen wollen wir auf dieser Reise beim individuellen Menschen, in einer ehrfurchtsvollen Begegnung mit seiner inneren und äußeren Natur; in der Selbsterfahrung offener Faktoren der Erkenntnis wie der Fantasie. Hier liegen Glaube, Wille, Hoffnung und Empathie für unser spirituelles Wachstum, und wir suchen im Bewusstwerden der Dualismen von Männlich und Weiblich, Körper und Geist, Mensch und Natur. Kurz und magisch: in der Wiederverzauberung der Welt.

Ramakrishna, eine der großen Gestalten des spirituellen Lebens Indiens, veranschaulicht diesen Prozess, indem er eine Pferdekutsche beschreibt, bei der der auf dem Bock sitzende Kutscher mit zunehmender Dauer der Reise immer mehr zur Überzeugung kommt, die Kutsche gehöre eigentlich ihm. Doch während er in Allmachtsfantasien vor sich hin träumt, vernimmt er plötzlich ein heftiges Klopfen aus dem Innern der Kutsche und die gebieterische Stimme des einzigen Passagiers, die anzuhalten verlangt. Abrupt aus seinen kühnsten Träumen gerissen, erwidert der Kutscher in beleidigter Arroganz: »Wer erlaubt es Ihnen, so mit mir zu sprechen?« »Die einfache Tatsache«, antwortet der Passagier gelassen, »dass ich der Besitzer dieser prächtigen Kutsche bin.« »Dem war vielleicht einmal so«, gibt sich immer noch selbstsicher der Kutscher, »doch während Ihres langen Schlafes habe ich die Richtung bestimmt, bin ich den Gefahren ausgewichen und habe somit unser Überleben gesichert. Folglich gehört die Kutsche jetzt mir.« »Nein, das gehört sie nicht«, ist die klare, bestimmte Antwort des nun vollends erwachten Passagiers. »Doch ist offensichtlich, wie viel Freude und Selbstbewusstsein dir die Verantwortung über die Kutsche gegeben hat und wie schwer es dir nun fällt, die Kontrolle wieder dem abzugeben, dem diese Reise in Wahrheit gilt, der Seele, dem Passagier, und nicht dem Kutscher, dem Ego.«

Solche Geschichten zeigen uns nicht nur die verschiedenen Ebenen des Bewusstseins und wie wir die Verbindung zwischen ihnen ins Fließen bringen können, sondern geben uns auch einen Hinweis darauf, dass der Mensch nicht nur aus einer kulturellen Perspektive heraus bestimmt und definiert werden kann. Um wirklich zu erfahren, was der Mensch ist, müssen wir demnach alles, was in den verschiedenen Kulturen und Zeiten gelebt wurde und wird, zusammennehmen. Aus der Konfrontation, den Gemeinsamkeiten und Unterschieden, erhalten wir dann auch die Erkenntnis unserer eigenen Kultur und ihrer Eigenart, aber auch ihrer Einseitigkeit, und gleichzeitig die Selbsterkenntnis unserer eigenen Ganzheit als Mensch.

Wie wir wissen, stellt sich die Frage nach der Ganzheit, nach dem eigentlichen Wesen des Menschen – was er ist, was er sein könnte – jeder Generation praktisch von Neuem. Die ursprüngliche, zutiefst religiöse Haltung, dass alles in und durch den Menschen vorgegeben sei, verbunden mit dem naiven Glauben, der Mensch sei eine festgelegte Größe, ist heute völlig unhaltbar geworden. Diesbezüglich ist nur sicher, dass nichts sicher ist. Ein konstantes, ewig verbürgtes Wesen des Menschen gab es wohl nur vorübergehend in alten, räumlich stark isolierten Kulturen – wenn überhaupt. Denn im Gegensatz zu den Tieren, die der Natur unterworfen sind, öffneten sich dem Menschen seit jeher Räume der kulturellen Selbstbestimmung: Freiheitsräume für neue Selbsterfahrungen und Selbstmodulationen.

Doch während bisher die Selbstbestimmungsräume, welche immer wieder eine neue Zukunft schufen, durch den jeweiligen kulturellen Horizont begrenzt wurden, erleben wir heute sowohl durch anhaltende Revolutionen der Kommunikationstechnologie als auch durch unterschiedlich bedingte Wanderungen von Menschen unterschiedlicher Herkunft und Kulturen die größte Verschmelzung von Mythologien, Religionen, Körper- und Weltanschauungen, die jemals auf unserer Erde stattgefunden hat. Nur, die technische Möglichkeit einer globalen Kommunikation erzeugt noch lange kein Verständnis für fremde Kulturen und schon gar keine weltweite Verbundenheit. Doch diese Fähigkeiten werden für die Zukunftsgestaltung im globalen Dorf ganz entscheidend sein. Kein einfaches Unternehmen, wo doch viele durch die Pluralität der Werte in einer multikulturellen Gesellschaft verwirrt sind, weil dies nicht mehr der Idee einer eindeutig festgelegten Identität entspricht.

Stattdessen tagt in uns ein ganzes Komitee verschiedenster »Selbste«: eine Art Ich-GmbH, der durch Lebensberater aller Art eine immer wieder neue, modische Corporate Identity verpasst wird. Gewiss ermöglicht dies in postmodernen Zeiten allerlei lustvolle Spiele, Saatgut für eine neue Zukunft ist es allerdings nicht. Das liegt nämlich in der Erfahrung des Universalen. Über diese Erfahrung und seine Bedeutung für den Frieden schrieb Schwarzer Hirsch, visionärer Häuptling der Ogalalla-Sioux: »Der erste Friede, der der wichtigste ist, ist der, welcher in die Seelen der Menschen einkehrt, wenn sie ihre Verwandtschaft und Einheit mit dem Universum und all seinen Kräften erkennen. Und wenn sie erkennen, dass im Zentrum des Universums Wakan-Tanka, der Grosse Geist wohnt und dass dieses Zentrum wirklich überall ist: Es ist in jedem von uns. Dies ist der wahre Friede und die andern sind nur die Widerspiegelung dieses Einen.«[1]

Indessen, was ist das Eine, die Seele, dieses Samenkörnchen der Möglichkeiten eigentlich genau? Davon gibt es so viele Interpretationen wie es Menschen gibt, die sich damit befasst haben. Auszugsweise also einmal nur die hilfreichsten:

Das Selbst als Kern, in dem die Gegensätze noch ungetrennt beisammen liegen. Oder als Mikrokosmos, welcher ein Abbild der gesamten Schöpfung darstellt. Für die Psychologen ist es der Ordnungsfaktor der Psyche, der für Gleichgewicht und Entwicklung sorgt. Sicher ist es das Schöpferische im Menschen und somit sein Mittelpunkt. Für die Christen stellt es das Abbild Gottes dar oder die unsterbliche Seele; die Buddhisten sehen darin den Punkt, von dem aus Raum und Zeit überwunden werden, um ins Nirvana zu gelangen.

Wie man es auch dreht und wendet, das unbekannte Eine bleibt paradox, weil es eben um eine Vereinigung von Gegensätzen geht. Unser logisches Denken kann nur Gegensätze unterscheiden; damit aber erfasst es bloß Teile und ist daher unfähig, das Ganze zu begreifen.

Nun wissen wir, dass alle Religionen das Paradoxe nicht in Begriffen, sondern in Symbolen übermittelt haben, wie etwa den Kreis, welcher auf das Einfachste und Schönste die Gegensätze in Anfang und Ende vereint. Wir kennen das Symbol in vielerlei Formen: das Yin-Yang-Symbol, in dem weibliche und männliche Energie in der Dynamik der Zwillingseinheit vereint sind. Ein Symbol des Christentums ist bekanntlich Salz, das aus dem Neutralisationsprozess von Säure und Lauge entsteht. In der Gralslegende tauchen Stein und Gefäß als Einheit auf. In der jüdischen Tradition wird es mit dem Baum des Lebens differenziert. Ein für das praktische Leben lehrreiches Symbol der Ganzheit fand ich bei den Indianern Nordamerikas: das Medizinrad. Es ist ein Symbol, welches durch seine psychologisch-ökologische Entsprechung als Grundlage zu einem partnerschaftlichen Verhältnis des Menschen zur Natur und zum Kosmos führen kann.

Doch davon später – denn das Symbol ist ja nur ein Weg zur Ganzheit, der erst dann verstanden werden kann, wenn wir zugleich den anderen Weg gehen, den Weg der Erfahrung:

»Es gibt einen Weg,
den niemand geht,
wenn du ihn nicht gehst:
Es gibt deinen Weg,
ein Weg, der entsteht,
wenn du ihn gehst.«[2]

Symbole sind – genau wie Archetypen – lebendige Reaktions- und Bereitschaftssysteme, welche unser individuelles Leben aus allertiefster Ebene mitbestimmen. Unsere individuelle Geistigkeit ist mit einer viel tiefer liegenden kollektiven Geistigkeit verbunden, aus der sich der Einzelne durch Symbole, Mythen, Zeremonien und Rituale nähren kann. Deshalb rufen Symbole Erinnerungen wach und schaffen einen Brennpunkt. Es sind heilige Bilder, die ihre Kraft aus der archetypischen Bilderwelt beziehen. Symbole gewinnen durch meditative Betrachtung an Energie und Bedeutung und verwandeln sich durch diesen Prozess in einen Spiegel oder werden zu einer Eintrittspforte in unsere Seele.

ERSTE ÜBUNG:

Eine Sehnsucht mit dem gegenwärtigen Augenblick verbinden

Mit der nun folgenden Übung möchte ich Sie dazu einladen, das Heilige in Ihrem Leben wieder wahrzunehmen und sich damit zu verbinden. Überzeugen Sie sich selbst davon, wie fünf Symbole, die in jeder Kultur und zu allen Zeiten gültig waren, Sie zur Schnittstelle zwischen Absicht und Wahrheit führen können. Diese Übung – wie alle nachfolgenden Rituale und Zeremonien – repräsentiert einen Prozess des Verstehens und Akzeptierens des großen Mysteriums unserer Seele. Und Sie haben die Kraft, Ihre Sehnsucht mit dem gegenwärtigen Augenblick zu verbinden.

Die Kraft der Übung liegt in ihrer Einfachheit und Schönheit, denn alles, was Sie tun müssen, sind fünf Symbole – Kreis,

Dreieck, Quadrat, Kreuz und Spirale – in einer beliebigen, aber für Sie sinnvollen Reihenfolge zu zeichnen. Entscheidend ist, wie Sie es machen. Unterbrechen Sie jetzt den linearen Fluss des Lesens, entspannen Sie sich, indem Sie aufrecht sitzen und langsam beginnen tief durchzuatmen. Durch den Mund, wenn Sie unruhig, durch die Nase, wenn Sie gelassen sind. Danach visualisieren Sie die Symbole eines nach dem anderen in Ihrer inneren Vorstellung. Finden Sie heraus, welche Wirkung diese auf Sie ausüben. Symbole können motivierend, herausfordernd, reflektierend, inspirierend oder auch tröstend wirken. Symbole können Sicherheit geben und gleichzeitig ermutigen, mehr Risiken einzugehen, indem wir unsere Kraft bündeln, lenken und verstärken. Beginnen Sie jetzt mit diesem ersten Schwellenübergang, der nicht Selbstzweck, sondern Spiegel und Sinnbild für das Andere ist, das Ihr eigentliches Leben ausmacht.

Über Form und Bedeutung der Symbole

Jetzt, nachdem Sie die Symbole in der Ihnen eingegebenen Reihenfolge gezeichnet haben, kommen wir zur Betrachtung der von Ihnen anschaulich erfahrenen Ergebnisse.

Zuerst ein paar Hinweise zur Bedeutung der verwendeten Symbole.

Mit dem *Kreis* haben die Menschen seit jeher Vollendung, Anfang und Ende, wahres Sein und Ganzheit verbunden. Der Kreis, umgeben vom Nichts, von der Leere, ist das Bild der schöpferischen Kraft in der Mitte, welche allem erst einen Sinn, eine Bestimmung gibt. Entsprechend erzählen uns viele Mythen, dass das Universum aus dem Runden hervorgegangen sei: Sonne, Mond und Sterne sind rund; die ersten Häuser und Dörfer waren rund, ebenso keltische Steinkreise, indianische Medizinräder, tibetische Mandalas und der afrikanische Dorfplatz. Alte, heilige Tänze waren immer kreisförmig und am runden Tisch von König Artus' Tafelrunde begriff man die Erfahrung des Lebens wohl eher als ein zyklisches Geschehen denn als Progression in die Unendlichkeit der Geschichte. Unserer Geburt ging die Rundheit der Mutter voraus und der Tod bringt den Kreislauf des Lebens zurück zu seinem Anfang. Das Rad des Lebens, das Symbol der Einheit, steht in unserer Übung deshalb auch für Individuation und Selbstwerdung, was natürlich ein großes Bedürfnis nach Raum und Vertrauen erzeugt. Vorsicht ist hier insofern geboten, als dieser Prozess, selbstverliebt oder extrem betrieben, in den Narzissmus führt.

Das *Dreieck* verweist uns auf das weibliche Prinzip und die Kraft der Veränderung. Der alle Zeiten, Räume und Kulturen übergreifende Handlungszusammenhang dieses ursprünglichsten Symbols der Großen Göttin äußert sich im Geheimnis der Empfängnis, in Geburt, Liebe und sexueller Anziehungskraft und im Mysterium der zyklischen Zeit. Aborigines tanzten zu Ehren der Göttin auf einer dreieckigen Tanzfläche, Kelten backten für ihr traditionelles, jeweils Anfang November stattfindendes Samhain-Fest dreieckige Kuchen und in Indien verwies eines der ältesten und bedeutungsvollsten Yantras auf das genitale Zentrum des weiblichen Körpers. Der *Schild Davids*, der sechszackige Stern Israels, vereint zwei Dreiecke, als Pole von Himmel und Erde, durch die Schöpfung. Vollkommenheit liegt in der Übereinstimmung von Liebe, Kraft und Weisheit, aber auch in der von Gedanken, Wort und Tat. In unserem Experiment steht deshalb das Dreieck für unser Suchen, für unsere Träume und Visionen. Langsam beginnen wir zu sehen, was zu tun ist, und dadurch entwickelt sich auch das Bedürfnis, eigene Visionen und Ziele mit anderen Menschen zu teilen. Die Angst entsteht durch den Verlust der Träume und Ziele; Gefahr birgt auch das Extrem, welches sich darin äußert, dass man so stark zukunftsorientiert lebt, dass die Bedürfnisse der Gegenwart vernachlässigt werden.

So wie das Dreieck auf das weibliche Prinzip verweist, stellt das Viererschema des *Quadrats* männliche Werte dar. In traditionellen Kulturen wurde das Viereck als Symbol für die materielle Welt verwendet, die sich aus den vier Elementen Feuer, Wasser, Erde und Luft aufbaut, die wiederum den vier Himmelsrichtungen entsprechen. Für unseren Erkenntnisprozess bedeutet das Viereck Stabilität und Sicherheit als Voraussetzung für praktische Aktionen und Produktivität. Taten statt Worte sind hier angemessen, um konkrete, greifbare Resultate zu erzielen. Die dunkle Seite dieses Zeichens zeigt sich in der Angst, nichts tun zu können oder in Zwanghaftigkeit und Rigidität zu verfallen.

Das *Kreuz* symbolisiert die gegenseitige Verflechtung, Durchdringung und Abhängigkeit, die sich aus der horizontalen, also irdischen, und der vertikalen, also überirdischen Linie ergibt. Das Symbol illustriert die alte, alchemistische Einsicht in das kosmische Prinzip des *Wie oben – so unten*. Die Bedeutung dieses Zeichens liegt in Prozessen der Integration, in Beziehungen, im Zusammenbringen von Gegensätzen. Die Angst, verlassen zu werden, herrscht dabei vor, weshalb hier die Qualität der Zeit zum wichtigen Kriterium wird.

Die *Spirale* gehörte im keltischen Europa zu den heiligsten Symbolen überhaupt. Wir finden sie beinahe auf allen erhaltenen megalithischen Stätten, besonders eindrücklich an den Schwellensteinen von New Grange in Irland. Spiralen sind mit Wandlungsprozessen verbunden, mit Wachstum und Evolution. In diesem Zeichen schaffen wir unsere eigene Verwandlung durch ein vielschichtigeres Bewusstsein, das imstande ist, vieles gleichzeitig zu tun. Ängste werden hier indes durch die Befürchtung genährt, dass plötzlich wieder alles endlos klar voraussehbar werden könnte und so keine Entwicklung mehr möglich sein würde.

Soviel zu den Bedeutungen der Symbole, die wir hier überhaupt nicht erschöpfend darzustellen vermögen. Wir können jedoch festhalten, dass Symbole gewiss nicht durch eine simple Logik des vorkybernetischen Denkens, in dem es nur eindimensionale Abläufe von Ursache und Wirkung gab, verstanden werden können. Erst durch die Unbestimmtheit zwischen Zukunft und Gebundenheit sind wir auch wirklich bereit, den Schlüssel zu Wahlmöglichkeiten, zu seelischem Wollen zu empfangen.

Und so zeigt Ihnen die erste Wahl Ihres Symbols, was Sie für die Quelle der Inspirationen halten.

Die zweite Wahl zeigt Ihr Talent und Ihre natürlichen Gaben, die Ihnen bisher kaum bewusst waren. Hier ist die Quelle Ihrer Kraft.

Die dritte Wahl gibt Ihnen Hinweise auf den Prozess, in welchem Sie sich im Moment befinden. Und dies ist – in seiner ganzen Tiefe – eigentlich immer ein spiritueller Prozess.

Die vierte Wahl erinnert an überwundene Herausforderungen, die es einem erst ermöglicht haben, wieder gegenwartsbezogen zu leben und zu handeln.

Und die fünfte Wahl zeigt eine überwundene Herausforderung und macht die Konfrontation mit Ihrem Schatten sichtbar, weist aber auch darauf hin, dass es nun Zeit ist, diesen Prozess vorübergehend abzuschließen.

Die erste und fünfte Wahl geben uns genaue Hinweise auf die Quelle unserer schöpferischen Spannung. Jedoch, in allen Märchen wird uns vermittelt, dass die erste und die letzte Wahl nie die richtige ist.

Diese Übung ist ein erster Schritt, um das Lächeln unserer Seele kennen zu lernen. Gewiss, wir konzentrieren uns hier nicht auf höhere, transzendentale Aspekte der Seele, aber wir wenden uns der Frage zu, wie wir uns wieder mit unserer Seele verbinden können, wie sie zu nähren ist, wie sie uns nährt – und wie wir Räume schaffen können, in denen eine alltägliche Wertschätzung unserer Seele aufkeimen kann.

Transzendenz und Exil der Seele

Unsere Geschichte offenbart ja auch recht deutlich, dass die Seele nicht als etwas Endgültiges und fertig Gegebenes aus einem irgendwie *transzendenten* Jenseits kommt, sondern dass wir – individuell und kollektiv – durch unser Denken, Fühlen, Empfinden und Verhalten die Seele in ihrer geschichtlichen Grenze stets selbst miterschaffen. Die Seele ist kein Tor, durch das wir in Wunder hineinspazieren können, sie ist vielmehr das Bild einer unvollendeten Idee, welche sich in und durch uns als offenes Projekt auf dieser Welt manifestiert.

Wie Kinder auf der Schwelle zum Erwachsenenalter versuchen wir, im geheimnisvollen Schmerz der Trauer über die verlorenen Wahrheiten und der Freude über die gewonnenen Freiheiten ein würdiges Leben zu finden. In Zeiten, in denen sich die Vergangenheit wie ein Fluss im Delta zu verzweigen und aufzulösen beginnt, um in das weltweite Ganze, in die neuen Möglichkeiten der Weltmeere zu münden, können wir auch die Worte William Blakes würdigen: »Der Mensch besitzt keinen von der Seele getrennten Körper, denn das, was wir Körper nennen, ist ein Teil der Seele, der durch die fünf Sinne, die Haupteingangspforten der Seele, wahrgenommen wird.«

Die Sprachen der Seele sind sinnlich, sie bestehen aus Bildern und Symbolen, aus Geruch, Geschmack, Klang und Berührung. Sie haben stets mit einem Gefühl zu tun, bei dem das Herz von Empfindungen sanft angehaucht wird. Die Seele äußert sich im Mysterium, das uns lockt und anzieht, und nicht allein in der Meisterschaft eines moralischen Lebens. Ihre wortlose Sprache vernehmen wir in den magischen Augenblicken unserer Lebensreise, im Bedeutungskern unserer Lebensgeschichte und in der Knospe, die ohne Eile und Verwirrung in den kurzen Frühlingstagen ihrer Entfaltung entgegenwächst.

Je genauer wir unser Leben betrachten und die Art und Weise, wie wir normalerweise damit umgehen, desto bewusster wird uns, dass die Seele stets viel für uns tat, ohne dass wir etwas für sie taten. Doch die Seele ist auch Ihr Kind. Und erst recht das Einzige, das Sie nie verlassen wird. Was jede Seele vor allem braucht, ist ungeteilte Aufmerksamkeit. Ihre Seele braucht Zeit, die Sie ganz allein mit ihr verbringen: Innehalten, Ego-Grenzen auflösen, sich der Magie des Augenblicks hingeben. Sich in den nicht alltäglichen Augenblicken der Schönheit, Intimität und Gemeinschaft zu verlieren, um sich im Gelassensein wieder neu zu finden.

Wie viele solche Quellen der Schönheit, Freude und Kreativität gibt es noch in Ihrem Leben? Warum bleiben sie ungenutzt und ungepflegt? Warum sind sie zum Teil fast gänzlich versiegt oder gar ausgetrocknet? Was ließ Sie glauben, Sie könnten ohne Achtsamkeit dem gegenüber wachsen, das Ihre eigentliche Substanz ausmacht? Der russische Dichter Gogol mahnt in seinem Meisterwerk *Die toten Seelen* eindringlich: »Nehmt, wenn ihr aus den weichen Jahren der Jugend in das ernstere, hart machende Mannesalter tretet, nehmt alle menschlichen Regungen mit auf die Wanderung und lasst sie nicht unterwegs fallen; ihr würdet sie später nie wieder erlangen können. Drohend und furchtbar ist das bevorstehende Greisenalter und gibt uns nichts wieder zurück, was wir verloren haben.«[3]

Solche Worte legen uns zudem nahe, dass ein seelenvolles Leben eine Ausrichtung fordert, eine bewusste Bemühung im Umgang mit den kostbaren Dingen unseres Lebens: Zeit und Aufmerksamkeit. In einem Leben, in dem alles dem drängenden Verlangen des Egos untergeordnet wird, bleiben weder Zeit noch Raum, in welchem sich das Ich dem Selbst, der Körper dem Geist annähern könnte. Doch diese Spaltung macht uns zu Getriebenen: Schuldgefühle, Selbstmitleid, Angst, Zorn und ein allgegenwärtiges Gekränktsein treiben unser Leben immer wieder und immer schneller in die gleichen Erfahrungen, die allesamt eines gemeinsam haben: ihre erbarmungslose Vergänglichkeit. So verlieren wir unsere psychische Energie und müssen am Ende ohne alle Hoffnung feststellen, dass es da nichts Festes, Gewisses oder auch nur Trost Spendendes gibt, das uns innerlich zugewachsen wäre. Es fühlt sich an, als wäre man von der Zukunft aufgegeben worden.

Wenn wir also unsicher sind, ob das Leben, das wir führen, auch wirklich unser Leben ist, kann es hilfreich sein zu fragen, welche Art Zukunft nach uns ruft. Folgen Sie einer wortlosen Wirklichkeit, die aus Ihrem tiefsten Innern gegeben und empfangen wird, oder ist es ein von gesellschaftlich erzwungener Wirklichkeit abhängiges Zukunftsversprechen? Ist es eine Projektion des Egos oder ist es Erinnerung an das Selbst?

Besonders anschaulich finden wir diese Frage in der Legende von Robin Hood dargestellt, dem Gesetzlosen vom Sherwood Forest, der die Reichen bestiehlt, um ihr Geld unter den Armen zu verteilen. Das Land wird von einem rücksichtslosen Ego ohne jedes Mitgefühl ausgebeutet, weil das wahre Selbst – König Richard Löwenherz – sich im Exil befindet. Indem aber Robin Hood den Reichtum neu zu verteilen begann, erwachte im Volk die Erinnerung an ihren wahren König erneut und ermöglichte ihm die Rückkehr an den Platz seiner Bestimmung.

In diesem Zusammenhang ist eine Erinnerung meines indianischen Freundes Adam Fortunate Eagle von Interesse. Bevor die ersten Jesuiten die Idee einer individualistisch nachdenkenden Seele nach Amerika brachten, hatten viele Stämme nur an eine kollektive Seele geglaubt, die symbolisch im Stammesfeuer – für dessen Unterhalt alle verantwortlich waren – ihren treffenden Ausdruck fand. Genährt wurden die Flammen durch Gemeinschaftsaktionen des gesamten Stammes, wie Dankes-Zeremonien oder Rituale der Heilung. Doch die höchste Intensität erreichte das Feuer der Seele, wenn sich der ganze Stamm für ein gemeinsames Ziel begeisterte und sich innerlich zusammenschloss. Wenn der Rauch aus der Friedenspfeife zum Großen Geist emporstieg, stimmten die Glaubensinhalte des Einzelnen mit denen des Stammes überein. In solchen manifestierten Formen des Geistes sahen die Ureinwohner Amerikas den *roten Weg*. Ein Weg mit all jenen Gefühlen der Verbundenheit, Unterstützung, Liebe, Gemeinschaft und Sicherheit, wie es nur Menschen glückt, deren Seelenleben eine Empfindsamkeit besitzt, die andere Menschen, Gesellschaften und die Natur insgesamt miteinbeziehen. Die Schöpfung wird da nicht als ein abgeschlossener Akt betrachtet, sondern als eine andauernde Tätigkeit. Der Große Geist manifestiert sich fortwährend in seinem Werk und ist deshalb auch immer wieder neu in diesem zu entdecken. So wird jeder Weg in die Unberührtheit der äußeren Natur zu einem Prüfstein für den wahrnehmenden Menschen, der so – Schritt für Schritt – vom Niedrigsten zum Höchsten führt: zum anderen Weg nach Innen in die bewusste Zwiesprache der Seele mit sich selbst, ins mystische Schauen, wo er nicht nur sich selbst, sondern der Welt, dem Universum begegnet.

Wenn der Große Geist in mir, im Stein, in den Bäumen, in den Tieren, ja in der ganzen Welt ist, wie kann eine solche Schöpfungsidee tot sein, solange die Welt nicht tot ist? Was Nietzsche für tot erklärt hatte, war nicht Gott, sondern eine naive Vorstellung Gottes. Der Schöpfer hat diese Welt nicht von außerhalb geschaffen, um sie danach durch Kirchen institutionell kontrollieren zu lassen. Nein, er schuf sie aus sich heraus, aus seiner Mitte heraus schuf er sie und schuf er uns. Eben deshalb können wir ihm auch nur begegnen, wenn wir in unserer Mitte angekommen sind. Tatsächlich kann es ja heute nicht mehr darum gehen, zu *glauben* oder *nicht zu glauben*, religiös oder atheistisch zu sein. Es geht vielmehr um die Kommunikation mit der universellen Natur des Geistes.

Zweite Übung:

Wegweiser in eine mögliche Zukunft

Ich möchte nun ein weiteres wirkungsvolles Instrument der bewussten Erneuerung mit Ihnen teilen. So wie wir in der ersten Übung mit abstrakten Symbolen arbeiteten, tun wir es nun mit konkreten. Wiederum ist die Übung einfach gestaltet. Nehmen Sie ein Blatt Papier zur Hand; zeichnen Sie einen großen Kreis, worin Sie folgende acht Symbole nach freiem Ermessen ausmalen: Blume, Baum, Schmetterling, Vogel, Schlange, Berg, einen Weg sowie eine Behausung.

Lassen Sie zuerst die Symbole auf sich wirken, bis diese Zeichen zu Bildern und Abbildern Ihres Lebens werden. Danach beginnen Sie mit dem Spiel der Möglichkeiten zu jonglieren, bis Sie sicher sind, wie Sie diese acht Symbole im Kreis platzieren wollen. Bringen Sie Ihre Fantasie ins Spiel – sie ist das Herzstück jeder guten Arbeit – und lassen Sie ihre Hand sich einfach und locker über die Seite bewegen, ohne sich von Gedanken abhalten zu lassen.

Mit dem fertigen Bild vor Ihren Augen kommen wir zur Auswertung. Teilen Sie zuerst den Kreis durch ein fein gezeichnetes Kreuz in vier Viertel ein.

Das linke obere Viertel nennen wir das Land der Vögel. Es entspricht Ihrem mentalen Aspekt und zeigt, was Ihr Geist und Verstand in diesem Augenblick brauchen könnte.

Das untere linke Viertel, das Land der Blumen, öffnet Ihnen in der Stille Zugang zu Ihren Herzensangelegenheiten und zu den emotionalen Seiten Ihres Lebens.

Das rechte obere Viertel gibt Ihnen wertvolle Hinweise, was Sie spirituell nährt und weiterbringt. Hier befinden wir uns im Land der Berge.

Und im unteren rechten Viertel, dem Land der Bäume, welches den körperlichen Bereich repräsentiert, erfahren Sie Notwendigkeiten über Ihre Geld-, Arbeits- und Beziehungsangelegenheiten.

Den zweiten Schlüssel finden Sie in der Bedeutung der Symbole, deren Kraft in Ihrer persönlichen Wahrnehmung liegt und zu denen wir vielfach ein gebrochenes Verhältnis haben. Im Gegensatz zu romantischen Vorstellungen ist es den Menschen nämlich nie leicht gefallen, mit der Natur zu leben. Wohl wissend, dass alles Leben aus ihr kommt und wieder in ihren Kreislauf zurückfließt, war und ist die Natur für uns auf eine irritierende Art unkalkulierbar, unvorhersagbar. Und was auch immer der Mensch zu ihrer Unterwerfung unternommen hat, stets richteten sich diese Bemühungen letztlich gegen ihn. Was die Arbeit mit Symbolen der Natur zusätzlich erschwert, ist das in nahezu allen Kulturen anzutreffende Phänomen, dass Menschen das, was sie beherrschen wollen, in Symbolen darstellen. Durch spirituell-magische Praktiken glauben sie, die Symbole in der Hoffnung beschwören zu müssen, um dadurch die Wirklichkeit zu beeinflussen.

Uns kann es heute nicht mehr um derlei Dinge gehen, vielmehr um eine neue Beziehung zu unserer inneren Welt, denn ohne diese können wir uns zwar auf ein Ziel konzentrieren, doch fehlt es uns an Fantasie und Vorstellungskraft. Wir verfolgen Pläne, müssen aber ohne Emotionen auskommen; wir treten machtvolle Positionen an, doch fehlt es an Kreativität, daraus auch etwas Neues entstehen zu lassen. So ist es verständlich, dass wir uns zur Bedeutung der Symbole hingezogen fühlen.

Bäume galten wohl in allen Kulturen – insbesondere bei den Kelten, den Indianern Nordamerikas und allen Völkern des Nahen Ostens – als eines der schönsten Geschenke der Natur. Sie wurden als Orte und Pforten der Einweihung verehrt, als lebende Wesen, denen ein bewusster Geist innewohnt. Sie waren hoch geschätzt, aber als Orakelbäume auch gefürchtet. Wenn Sie jetzt in Ihrem Bild nachschauen, in welches Viertel Sie Ihren Baum gezeichnet haben, wissen Sie auch, wo Ihr natürliches Wachstum, zu dem Sie Vertrauen haben können, stattfindet.

Der *Berg* Mâschu wurde im Gilgamesch-Epos als Ort beschrieben, an dem täglich die Sonne, das Licht, dem wir folgen, neu geboren wird. In vielen matriarchalen Kulturen begann die Weltschöpferin ihr Werk mit der Erschaffung von Bergen, genauso wie später in den patriarchalen Religionen die grundlegende Gottesbegegnung auf Bergen stattfand. Der gebärende Berg in der Mitte der Welt ist ein so machtvolles Symbol, dass es in seiner bloßen Sinnbildlichkeit allein nicht erfasst werden kann. Sich dem Hochsitz der Göttinnen und Götter zu nähern, ist gleichermaßen eine Angelegenheit der Ehrfurcht und der Furchtlosigkeit. Allein darum geht es auch in unserer Beziehung zur spirituellen Welt. Der Standort des Berges in Ihrem Bild zeigt Ihnen, wodurch Sie Ihre Beziehung zur Transzendenz verwirklichen und vertiefen können.

Die *Schlange* repräsentierte in allen alten Mythen unserer Welt immer eine weibliche Gottheit. In arabischen Ländern galt sie als Verkörperung der Weisheit und Erleuchtung; in Indien symbolisierte sie die innere, kosmische Körperenergie. Die Sumerer hielten die Schlange für unsterblich, weil sie durch das Abstreifen der Haut sich immer wieder erneuern konnte. Die Schlange zeigt Ihnen, wo Heilung und Transformation stattfinden muss und gibt darüber hinaus Hinweise, wie Sie dies initiieren, bewirken können:

Zeichneten Sie eine Schlange mit herausgestreckter Zunge, so werden Sie ihr Ziel durch vermehrte und vertiefte Kommunikation erreichen. Hervorstechende Augen verweisen Sie vielleicht auf eine intensivere Wahrnehmung Ihrer persönlichen Umgebung, und ein gezeichnetes Muster auf der Schlangenhaut bedeutet, dass sich Ihre Seele möglicherweise nach mehr Schönheit in Ihrem Leben sehnt. Sollte Ihr göttliches Kriechtier zusammengerollt sein, wäre es wohl vorteilhaft, langsam ein Bewusstsein für die eigenen Grenzen zu entwickeln, da Sie sonst das, was Ihnen am wertvollsten ist, verlieren oder nie finden werden. Freundschaft, Liebe, unsere Seele, sie alle brauchen ein Gefäß, eine Begrenzung, worin sie sich entwickeln können.

Schmetterlinge waren für die Tolteken wie auch für die sibirischen Schamanenvölker Träger der Seele von Verstorbenen. Und dieser Glaube, dass menschliche Seelen sich in Schmetterlinge verwandeln, finden wir sogar im griechischen Wort *psyche,* das beides, Schmetterling und Seele, bedeutet. Sie können demnach davon ausgehen, dass in dem Viertel, in dem Ihr Schmetterling seinen Flügelschlag ausbreitet, etwas abgeschlossen oder eine Vollendung erreicht wurde.

Blumen wurden zu allen Zeiten, in aller Welt als Träger erotischer Botschaften, als Geschenke für nahestehende Menschen und auch als zeremonielle und rituelle Objekte verwendet. Die Sprache der Blume ist die Sprache der Liebe, der Freundschaft, der Sympathie und Dankbarkeit, der Feierlichkeit und Trauer. Und wir erinnern uns an Tristan und Isolde, die wie andere große Liebespaare in Mythen und Legenden am Ende ihres irdischen Daseins in Blumen verwandelt wurden. In dem Kreisviertel, in dem Sie Ihre Blume für sich sprechen lassen, können Sie erneut voll Vertrauen und Unschuld eine Öffnung, eine Entfaltung ins Unbekannte wagen.

Der *Weg* steht hier für den aktiven Vorgang des Begehens selbst, für unsere Wanderung dem großen Unbekannten entgegen. Wahrscheinlich durchzieht der Weg in Ihrem Bild verschiedene Viertel, und damit zeigt er Ihnen eine spezielle Ausrichtung, nach der Sie schon immer suchten und in deren Spannungsfeld Sie sich zu bewähren haben.

Der *Vogel* als Botschafter des Himmels, als Träger von Geheimnissen und menschlichen Sehnsüchten ist in den geistigen Traditionen auch immer ein Zeichen der Erleuchtung. Für die Naturvölker erzählten die Federn heiliger Vögel, sei es als Schmuck oder Ritualgegenstand, Geschichten ihrer Suche nach dem Heiligen. Der Vogel in Ihrem Bild weist auf Botschafter und Botschaften des Neuen hin, die in Ihr Leben eintreten wollen. Es gilt, sich entsprechend zu öffnen, um diese Boten auch empfangen zu können, sobald sie sich zeigen.

Die *Behausung* ist wie der Tempel oder die Stadt ein Sinnbild des geordneten Kosmos. Im Buddhismus erweitert sich das Haus gar zu einem Symbol des menschlichen Körpers, weil dieser der Seele ja nur für kurze Zeit als Herberge dient. Dieses Symbolbezugs von *Körper und Haus* bedient sich auch die Psychoanalyse, indem die Fassade der äußeren Erscheinung, das Dach dem Bewusstsein und der Keller den Instinkten zugeordnet werden. Demnach steht das Haus für Ihre Identität und sein Standort im Kreis offenbart, wo Sie ihren Kraftpunkt von Aktion und Äußerung haben, wo Sie ein herausragendes Selbstbildnis besitzen, wo Sie Energie und Wertschätzung finden.

Wenn Sie jetzt die Bedeutung der Symbole mit der Bedeutung des Standortes in Ihrem Kreis zusammenfügen, erhalten Sie Wissen, das aus Ihnen selbst kommt. Darüber hinaus vermittelt es eine Ahnung, dass unser Bewusstsein auf einem weiten und tiefen Ozean unserer inneren Welt ruht, zu der wir außer gelegentlich in Träumen kaum mehr Zugang haben. Bis ins Mittelalter hinein wurde diese innere Welt als *Universum des Geistes* bezeichnet.

Entscheidend für unsere Reise wird sein, dass unser Bewusstsein Phantasien, Visionen, Zufälle und bedeutungsvolle Synchronismen erkennen, annehmen und integrieren kann.

Jeder kleine Schritt kommt hier dem Wachstum und der Entwicklung Ihrer Seele zugute. Vertiefen wir nun diesen Prozess mit vier Fragen, deren Beantwortung Ihnen vier Wege in die Zukunft eröffnen wird:

- Wo ist der Fluss der Inspiration?
- Was hat mich herausgefordert?
- Was hat mich überrascht?
- Was hat mich tief berührt?

Ziel solcher Fragen ist die fruchtbare Vereinigung der inneren und äußeren Welt. Dadurch erwecken wir neue Energien und verhindern, dass unsere männliche oder weibliche Kraft verlöscht und unser Bewusstsein die Spannkraft verliert und unfruchtbar wird. Auf dem Weg zu unserem größten Geheimnis werden alle Kräfte, sobald wir ihnen angemessen gegenübertreten, zu Fackelträgern, um uns den Weg ins Unbekannte zu beleuchten. Seien Sie nicht erschreckt, wenn deren Lichtkegel mitunter auch dunkle Löcher Ihrer Persönlichkeit erkennen lassen. Geben Sie nicht auf, denn die zu entdeckende innere Welt Ihrer Männlichkeit beziehungsweise Weiblichkeit hat einige dunkle Ecken, sicher auch zahlreiche Schatten, aber auch universal gültige Wahrheiten.

2. Kapitel

EROS UND PSYCHE

Wie die Seele aus der Begegnung mit dem Gegengeschlechtlichen lernt, mündig und ganz an der Welt zu partizipieren

Männer vorweg, doch auch immer mehr Frauen, werden zu Gefangenen in einem Gefängnis, in dem der Mond aufgehört hat zu leuchten. Irgendwann haben viele Menschen es aufgegeben, den zerbrechlichen Streifen des Neumondes, der sich aus dunklen Wolken schält, staunend als ihr zartes und lichtes Hervortreten aus dem Schatten der eigenen Geschichte zu betrachten. Sie beendeten die alte Lebensweise, wie der Mond jeden Monat einen immer wieder neuen, faszinierenden, niemals endenden Verwandlungszyklus zu durchlaufen und rasen stattdessen auf den Autobahnen der digitalen Logik Zielen ohne Herz entgegen.

Der schöpferische Appell der weiblichen Energien

Steigen wir wieder einmal aus dem Trott des Alltags oder dem hektischen Geschehen aus und lassen uns an einem vertrauten See oder Gewässer nieder. Stellen Sie sich vor, es ist Nacht und Sie beginnen sich mit den unverständlichen, rätselhaften Nachtgeräuschen Ihrer natürlichen Umgebung vertraut zu machen. Sie teilen Ihren Lebensraum mit den Geräuschen der Brandung, mit nahestehenden Fichten und alten Eichen, mit den im niedrigen Fluge davonfliegenden Nachtvögeln, mit allerlei Kleintieren, die sich durch raschelndes Laub und brechende Zweiglein zu erkennen geben. Und so wie Sie in sich ruhend auf das dunkle Wasser schauen, brechen die Wolkenheere auseinander und der wunderbar aufgehende, volle, runde Mond wirft Ihnen ein silbrig schimmerndes Band der Erinnerungen entgegen. Erinnerungen daran, dass die Sonne der Nacht in Zeiten magischer Träume mit dem innersten Wesen des Menschen gleichgesetzt wurde; dass das quecksilbrige Licht der Schönheit die Quelle aller Fruchtbarkeit ist; und dass die Laterne der Feen alles anzieht und zu sich nimmt, was Menschen missbrauchen und verschwenden: Zeit, Gefühle, Verspechen, ihre ursprüngliche Absicht, Wünsche und Gebete.

Die mondglänzende Zaubernacht bringt Sie in Bewegung und Ihre tanzenden Füße beginnen auf den ersten Tautropfen des frisch duftenden Grases zu träumen. Allmählich beginnen Sie sich in Raum und Zeit zu verlieren, wirbeln immer kühner um Ihre eigene Achse, bis Sie auf einer purpurfarbenen Spirale in einen Raum tiefster Stille gleiten.

Plötzlich wird es heller und Sie spüren, dass Sie nicht mehr allein sind. Und tatsächlich: Vor Ihnen steht eine ganz offensichtlich weise Frau. Ihr kostbares Kleid fließt wie Wasser zu Boden und streift dabei eine Mondsichel. Schweigend sitzt sie zwischen zwei Marmorsäulen, deren Inschriften auf die grundlegende Dualität aller Dinge verweisen. Der schwere Vorhang hinter ihr zeigt reife Granatäpfel als Symbol für weibliche Schönheit und

Fruchtbarkeit. Palmen, die auf männliche Sexualität und Erneuerung hindeuten, werden erkennbar. Ihr Blick bedeutet Anerkennung und ihr Kopf ist von zwei hornartigen Halbmonden und einer Halbkugel gekrönt. Ihre Seele beginnt wieder zu atmen und für Augenblicke ahnen Sie glühend, dass sich Ihre zerstreute Bilderwelt unter dem Einfluss dieses geheimnisvollen weiblichen Wesens zu einem ganzheitlichen Bild zusammenfügen könnte. Doch eine kleine Geste dieser Göttin lässt Sie wieder hellwach werden und jetzt empfangen Sie von ihr die Rolle mit Lehren, die sie soeben noch geheimnisvoll im Arm hielt. Sie glätten das uralte Schriftstück und finden die Inschrift der Isis-Säule als Botschaft der weiblichen Kraft: »Ich bin alles, das war, das ist und das jemals sein wird. Niemals wird ein Mann erkennen, was hinter meinem Schleier liegt. Viele verkünden und verehren die göttliche Kraft, aber nur durch die Frau wird all diese Kraft zu Fleisch.«

Noch bevor Sie dazu kommen, die Stille zu unterbrechen, beginnt sie zu sprechen: »Ich bin die Essenz zahlreicher Mondgöttinnen aus vielen verschiedenen Zeitepochen. Ich bin Isis, die weibliche Seite Gottes; Shekina, die geistige Braut des gerechten Menschen, sein Bewusstsein, seine Energie, seine Kreativität. Ich bin aber auch Sophia, Göttin des Lichts, Trägerin der Weisheit; Artemis, Tochter des Zeus und Zwillingsschwester von Apollo, dem Sonnengott, und ich bin Diana, unabhängige Göttin der Jagd, des Waldes und des heiligen Baumes. Ich bin die verborgene weibliche Kraft, die sich dem Verstand entzieht, aber sich in den Energien der Intuition und Erwartung, der Liebe, der spirituellen Weisheit und der Achtsamkeit offenbart. Ich bin Hellseherin und Heilerin und meine Botschaften erhalten Sie auf der Ebene zwischen Wach- und Schlafbewusstsein. Im Guten wie im Schlechten bilde ich dort eine Brücke zu Ihrem Unbewussten und zur Welt Ihrer Seele. Und ich bin – in moderner Sprache ausgedrückt – Anima, jene elementare weibliche Qualität in Männern und Frauen, die als psychische Energie zwischen den Polaritäten fließt.«

Doch hier empfangen Sie auch eine deutliche Warnung dieser Botin: »Ich kann meine Gestalt verändern. Und ich tue das, wenn die Energien des weiblichen Prinzips missachtet oder gar missbraucht werden. Dann werde ich zur Königin des dunklen Mondes, zur individuellen Schicksalsgöttin, zum Schatten der Zivilisation, zur Hexe der Verwüstung, die durch eure Städte tanzt. Wer sich nicht mit Isis, Shekina, Sophia, Artemis oder Diana auseinander setzen will, muss mit Lilith, Herrin über die Dämonen der Launenhaftigkeit, der Unentschlossenheit, des Zweifels, der Falschheit und der Lebensangst zurechtkommen.

Das ist die Wahlmöglichkeit, eine andere gibt es nicht, denn die weibliche Gerechtigkeit hat sich schon immer in menschlichen Beziehungen wie auch in der Beziehung zum Unbewussten und zur Natur durchgesetzt.«

»Genug der Worte, Sie müssen jetzt wieder zurück in Ihren Alltag, beginnen Sie doch schon, allzu Menschliches in Ihren göttlichen Partner hineinzuprojizieren. Nichts wird fortan wichtiger für Ihre Entwicklung sein, als zwischen dem göttlichen und dem menschlichen Partner in Ihrem Leben zu unterscheiden. Außerdem: mein Licht, das Licht des Mondes, ist geliehen, es ist zurückgeworfenes Licht genau wie das auf der Erde. Ich bin eine wichtige Station in Ihrem Leben, aber nicht dessen Quelle selbst.«

Einem langen Schweigen folgt der Abschied von der Mondgöttin in einer der Situation gerechten Art. Danach steigen Sie wieder spiralförmig aus dem großen Zentrum Ihres Selbst empor in Ihr normales Bewusstsein zurück. Sie blicken wieder auf das silberne Band im Gewässer, das jetzt wie eine Brücke zum Mond mit seiner Poesie, mit seinen Andeutungen des Künftigen, mit seinen schicksalhaften Lehren erscheint.

Lassen Sie den Mond mit seinen kostbaren Gaben künftig nicht mehr unbeachtet an Ihnen vorbeistreichen. Und wenn Sie tatsächlich einmal die Spiegelung des Vollmondes auf stillem, dunklem Wasser betrachten, erinnern Sie sich daran, dass Sie damit auch in Dianas Spiegel schauen. Bitten Sie die Göttin um Hilfe, und wenn Sie eine bestimmte Frage haben, sprechen Sie diese aus und lassen zu, was das Leben Ihnen sagen will. Vielleicht taucht ein Symbol über den Gewässern auf, eine starke Empfindung macht sich bemerkbar. Folgen Sie diesen kleinen Zeichen, ehe die Zeit Farbe und Duft Ihres Lebens zu einer bloßen Erinnerung für andere macht.

Dieser mythologisch-metaphysischen Erinnerung steht unsere persönliche Erinnerung an das andere Geschlecht gegenüber. Sie sagt uns, dass nach wie vor kein Friede zwischen Männern und Frauen in Aussicht steht. Zwar ist in den letzten 30 Jahren – seit die Frauenbewegung von Neuem erstarkt ist – vieles in Bewegung geraten, doch trotzdem ist es schwierig zu verstehen, was sich seither verändert hat: Die Frauen? Die Männer? Oder die Sichtweise? Jedenfalls zeigt allein die Tatsache, dass heute bis zu 60 Prozent aller Menschen in europäischen Städten in Einpersonenhaushalten leben, wie schwierig das Zusammenleben geworden ist, seit es keine absolut gültigen Regeln und Wahrheiten mehr gibt. Atemlos suchen wir nach Auswegen aus unserer Verwirrung. Die einen ahmen das Leben von Naturvölkern nach, um am Ende festzustellen, dass alles Denkbare irgendwo und irgendwann existiert hat. Andere suchen mit dem gleichen Ergebnis nach Analogien im Tierreich, mit denen menschliches Verhalten erklärt werden soll. Nicht wenige geben sich dem Glauben hin, sie könnten dem unschuldigen Verlangen ihres Körpers solange nachgeben, bis irgendwann die große, nährende und herausfordernde Liebe erscheinen wird.

Was bleibt, ist die Tatsache, dass wir Menschen, genau wie die Natur, aus einem evolutionären Prozess entstanden sind und deshalb unser Verhalten ständig ändern. Daher gibt es auch keine rein männlichen oder weiblichen Eigenschaften, wie es auch keine rein männlichen oder weiblichen Hormone gibt. Alles ist denkbar, alles ist möglich. Aber wird dadurch nicht auch alles relativ, gleich, gleichwertig, gleichgültig? Nicht unbedingt, wenn wir wissen und danach forschen, mit welchen Kräften wir es zu tun haben. Wenn wir aufhören, uns nur als *Männer* oder *Frauen* zu begreifen, wenn wir die Weisheit aus indianischen, griechischen, persischen und jüdischen Quellen akzeptieren, dass wir ein zweigeschlechtliches, wenn auch *gegengeschlechtlich* aufeinander angewiesenes Wesen sind. Energie will fließen. Außen wie Innen. Niemand wusste das besser als die Schamanen, die nie ohne einen gegengeschlechtlichen Schutzgeist Heilungen durchführten.

Noch bevor die Gegenpole von Mann und Frau als Seelenanteile mit Anima und Animus bezeichnet wurden, waren es Poeten wie Rainer Maria Rilke, die intuitiv die Bedeutung und Tiefe dieser Wechselseitigkeit erfassten: »Lassen Sie sich nicht beirren durch die Oberflächen; in den Tiefen wird alles Gesetz. Und die das Geheimnis falsch und schlecht leben, verlieren es nur für sich selbst und geben es doch weiter wie einen verschlossenen Brief, ohne es zu wissen.« Der Grund, warum Rilke von einem Geheimnis sprach, liegt darin, dass das gegengeschlechtliche Kräftespiel alles andere als leicht fassbar ist. Außerdem erleben wir alles nie so stark wie in der Projektion. Und weil wir die ergreifendsten Projektionen im Stadium der Verliebtheit erleben, erkennen wir nur selten, dass das, was wir im Anderen sehen, eigentlich auch stets zu uns selbst gehört. Wenn ein Mann sich plötzlich in ein strahlendes Gesicht verliebt, ohne dessen Trägerin auch nur im Geringsten zu kennen, verliebt er sich weniger in diese Frau als vielmehr in ein verkörpertes Bild seines weiblichen Seelenanteils; während die Frau, im umgekehrten Fall, sich in ein lebendiges Bild ihres eigenen Geistes verliebt. Wir alle teilen solche Erfahrungen, die sich ohne jede Absicht ereignen und denen wir ohne zu zögern die Kraft des Schicksals zusprechen. Tatsächlich ereignen sich Anima- und Animusprojektionen nahezu unbewusst und sie haben wenig mit unserer Ego-Wirklichkeit zu tun. Ihre

Funktionsweise kommt aus den allertiefsten Schichten unserer Psyche. Wenn wir daher lernen, Projektionen als Spiegel unserer innersten Sehnsucht zu nutzen, öffnet sich uns ein Königsweg, die eigene Seele wahrer zu erkennen.

Es geht also nicht darum, Projektionen zu werten, als vielmehr sie zu erkennen und zu würdigen. Indem Projektionen so unterschiedliche Wesen wie Männer und Frauen zusammenführen, dienen sie dem Leben, machen es aufregend und führen uns zu dem, was noch unbekannt ist.

Sehr wohl wäre alles viel einfacher, wenn wir als Mädchen oder Junge Initiationserfahrungen gemacht hätten, die uns in ritueller Weise von unseren Eltern getrennt hätten. Durch Mentoren, unter Führung von Großmüttern oder Großvätern ließe sich lernen, wie man mit Irrationalität, Intuition, Instinkt, Gefühl, aber auch mit Körper, Natur und Geist umgeht, um so eine fruchtbare Verbindung zur männlichen oder weiblichen Energie erwachsener Menschen aufbauen zu können. In vielen traditionellen Gesellschaften fügten alte Männer als kultischen Höhepunkt der Initiation den Jungen als Symbol ihrer Rezeptivität, ihrer Weichheit, ihrer weiblichen Seite eine kleine Wunde zu. Weil dieses Wissen aufgegeben, verdrängt und verloren wurde, stehen wir heute der Tatsache gegenüber, dass sich unser Ego mit der geschlechtlichen Beschaffenheit seines Körpers identifiziert, während die andere, gegengeschlechtliche Seite ins Unbewusste verdrängt wird. Männer projizieren heute ihre weibliche Seite auf Frauen, genau wie diese ihre männliche Seite auf Männer projizieren. Das kann zu Beginn einer Beziehung zwar beide in den siebten Himmel führen, doch früher oder später beginnen wir die einengende und auch unwirkliche Qualität solcher Beziehungen zu erkennen. Was einmal für den Mann die Quelle allen Glücks und aller Wonnen bedeutete, verwandelt sich in einen vergifteten Brunnen, während sich der anfängliche Held der Frau als ein aufdringlicher und gewaltsamer Dämon entpuppt. Die wechselseitige Identifikation ist zerbrochen, die Suche nach einem Partner beginnt erneut oder wir glauben, dass nie eine echte Beziehung entstehen kann.

Wir dürfen nicht vergessen, dass in Beziehungen das geistig-seelische Vakuum des letzten Jahrhunderts dazu geführt hat, dass *Menschen beim Menschen* Zuflucht nehmen, wie Albert Camus es in seinem hellsichtigen Werk *Ein glücklicher Tod* ausdrückte. Und das läuft darauf hinaus, dass der moderne Mensch beinahe unweigerlich in die Falle gerät, sich über einen Andern auf sich selbst zu beziehen. Das gibt zwar Sinn, Wärme, Zugehörigkeit, und wer will das missen in einer kalt gewordenen Welt? Doch worauf soll sich der moderne Mensch in seinem Alleinsein beziehen? Was soll er tun, wenn er seine Seele emotional oder spirituell nur durch Projektionen erfahren kann, wenn er als Mann von einer Frau und sie als Frau von einem Mann abhängig ist?

Allmählich wird deutlich, dass wir vor allem durch unser Verhalten in Liebesangelegenheiten unsere Seele erschaffen, denn die Seele kommt, wie alles andere, was unsere Persönlichkeit ausmacht, nicht bereits als *etwas*

Fertiges aus einer jenseitigen Welt. Von dort wird nur ihr heiliges Bild genährt, das als Idee und Projekt in diese unsere Welt hineinwachsen will. Ein solcher Prozess des Werdens zwischen Mann und Frau wird uns im Mythos von *Amor und Psyche* geschildert. Jedes der acht Elemente dieser Geschichte beleuchtet zugleich die transzendenten Kräfte und ihre Beziehung zum Menschen. Die Erzählung wurde nach einer langen Tradition der mündlichen Überlieferung, in der die Licht- und Schattenseiten aller beteiligten Götter und Menschen während Generationen der Prüfung durch Männer und Frauen standgehalten haben, vom griechischen Philosophen Apuleius aufgezeichnet. Er verwendete den Mythos zwischen der Liebe und der Seele als platonisches Herzstück seines Romans *Metamorphosen,* des einzig übriggebliebenen Romans aus dem antiken Griechenland. Der Text wurde in mittelalterlicher Handschrift im Kloster von Monte Cassino entdeckt, alsbald entwendet, und als er im 14. Jahrhundert in Florenz auftauchte, erregte und faszinierte er Künstler und Gelehrte gleichermaßen. Im Mittelpunkt stehen die Gestalten Psyche und Eros. Der griechische Eros erscheint in lateinischer Sprache als Amor.

Die Erzählung von Eros und Psyche

Psyches bloße Erscheinung löste in den Gemächern des Herzens ihrer Verehrer die angenehmsten Erschütterungen aus. Doch trotz ihrer vollendeten Schönheit und stets tugendhafter Geste blieb die Königstochter allein. Ihre geradezu auf das himmlische Jenseits verweisende

Schönheit schüchterte mögliche Liebhaber allzusehr ein. Statt eine Annäherung zu wagen, begannen sie, Psyche als Göttin zu verehren. Doch dies erregt die tödliche Eifersucht der Venus und in rasender Wut verlangt sie von ihrem Sohn Eros, die Schande seiner Mutter zu rächen, indem er Psyche durch die Liebe zum *niedrigsten der Menschen* vernichten sollte. Gleichzeitig entschlossen sich Psyches besorgte Eltern, das Orakel um Rat zu fragen und erhielten eine Antwort, die schrecklicher nicht sein könnte:

> »Stelle die Tochter, zur Hochzeit wie zur Leiche geschmücket,
> Auf des erhabensten Bergs felsigen Gipfel dahin.
> Ihr ist von sterblichem Stamm kein Ehegenosse bestimmet,
> Sondern ein Ungeheur, falsch, grausam wie Ottergezücht.«[4]

Diese unselige Botschaft des uralten Orakels des milesischen Gottes trübte nicht nur Sinne und Gemüt der Königsfamilie. Auch das Volk ließ sich Asche aufs Haupt streuen. Es haderte in stiller, verzweifelter Trauer über die grausame Schicksalswendung seiner anmutigsten Jungfrau. Doch den himmlischen Befehlen vermochte sich niemand zu widersetzen. Einzig die erschütterten Eltern versuchten immer wieder, die Vorbereitungen für die ungeheuerliche Begräbnis-Hochzeit hinauszuzögern. Vergeblich allerdings, die Dinge nahmen ihren Lauf. Die Hochzeitsfackel wurde entzündet, die prunkvolle Prozession setzte sich in Richtung der verheißenen Klippen auf der Spitze des höchsten umliegenden Berges in Bewegung. Dort angekommen, machte sich verzweifelte Ratlosigkeit breit, während die Hochzeitsfackel durch die Tränen des Volkes gelöscht wurde. Bald darauf stand Psyche, ihrem Schicksal überlassen, völlig allein auf dem Berg.

Weinend vor Kummer und zitternd vor Angst, bald in die Klauen eines Ungeheuers zu geraten, wurde sie plötzlich zu ihrer eigenen Überraschung vom linden Hauch der Lüfte fortgetragen und landete nach Augenblicken voller Zweifel unversehrt in einem blühenden, frühlingshaft duftenden Tal voll alter Bäume, frischer Quellen und einem königlichen Palast, dessen Baumeister göttlicher Herkunft sein mussten. Zunächst ihren Sinnen kaum trauend, machte sich Psyche, verlockt durch das unerwartete Geschenk eines neuen Lebens, daran, den traumhaften Palast zu erkunden. Von hör-, aber unsichtbaren Geistern wurde ihr jeder Wunsch von den Augen abgelesen.

Die Nacht brach herein und die ob der überraschenden Wende dieses denkwürdigen Tages erschöpfte Psyche ließ sich in dem ihr zugedachten Schlafgemach nieder. Und während ihr allmählich die göttliche Vorsehung und das damit verbundene Glück bewusst wurden, spürte sie, dass ganz in ihrer Nähe ein Teil ihrer selbst existierte, der nur darauf wartete, sich mit ihr zu verbinden. Sie hörte leise Schritte, wandte ihr Gesicht, um den Näherkommenden im Dunklen anzusehen. Doch das einzige, was Psyche sehen konnte, waren seine Augen und als sich ihre Blicke trafen, fühlte sie, wie das Feuer seiner Augen sie fest und ganz umschloss. Eine nie zuvor gekannte Unruhe ergriff sie. Eine tiefe Sehnsucht, ihn zu berühren, seine Augenlider mit ihren Lippen zu streicheln. Gleichzeitig hatte sie Angst vor dem, was sich ereignen könnte; aber noch bevor diese aufkeimende Angst ihren Körper abkühlte, nahm der Unbekannte Psyche mit einer zärtlichen Geste in seine Arme. Wortlos ließ sie es geschehen, berauschte sich am Duft seiner Männlichkeit, fühlte seine zarten Finger auf ihrem klaren Gesicht, auf ihren seidenen Haaren. Jede seiner kleinen Bewegungen strahlte ihr eine neue Facette seiner Persönlichkeit entgegen, und als sich ihre Lippen zitternd und mit heißem Atem begegneten, wusste Psyche: das Festmahl der Liebe konnte beginnen.

Während die Monde verstrichen, wurde Psyches Hingabe immer vollkommener, obwohl sie ihren Geliebten nie bei Licht sehen und beobachten durfte, weil sie ihn sonst für alle Zeiten verlieren würde. Dennoch fühlte sie sich in diesem mysteriösen Paradies glücklich, nur wünschte sie sich zunehmend, dieses Glück auch mit anderen zu teilen, mit ihren Schwestern und ihren sicher immer noch unendlich betrübten Eltern. Ihr unsichtbarer Mann zeigte zögernd Verständnis, ließ sie ihre Familie besuchen, warnte sie aber wiederholt von der Niedertracht ihrer Schwestern und wie leicht dadurch ihr Glück zerstört werden konnte. Psyche jedoch schaffte es mühelos, seine Zweifel zu zerstreuen, und schon bald stand sie, durch den Wind getragen, wieder an den Klippen ihrer Schicksalswende und sah erregt dem Wiedersehen mit ihren Schwestern entgegen.

Die Freude war groß, und längst getrocknete Tränen flossen erneut, doch jetzt als Zeichen der Freude. Dem unverhofften Wiedersehen folgte eine eingehende Besichtigung von Psyches neuer Heimat. Das aber war eindeutig des Guten zuviel. Das anfängliche Staunen der Schwestern ob all der himmlischen Reichtümer wandelte sich bald in abgrundtiefen Neid. Jetzt war ihre trügerische Neugier angestachelt und sie begehrten zu wissen, wo denn der Herr dieser phantastischen Welt sei? Worauf Psyche – ohne das eheliche Versprechen zu missachten – ihrem ungesehenen Geliebten die Identität eines jungen, abenteuerlichen Mannes verlieh, der leidenschaftlich der Jagd zugetan sei. Um nicht in Widersprüche verwickelt zu werden, überhäufte Psyche nun in großer Eile ihre Schwestern mit allerlei goldenen und silbernen Geschenken und ließ sie von Zephyr auf die Klippen zurücktragen.

Es war aber nicht so, dass man sich die Schwestern als vom Schicksal benachteiligt vorzustellen hätte. Trotzdem fühlten sie sich nach diesem Besuch, als seien sie als gemeine Mägde dazu verdammt, in den Niederungen des Lebens mit Brosamen anderer Leute abgespeist zu werden. So heckten sie einen Plan aus, wie all dies zu ändern wäre und beschlossen, weder ihren Eltern noch ihren Gatten etwas von den prächtigen Geschenken zu erzählen.

Psyche stellte inzwischen erfreuliche Veränderungen in ihrem Körper fest: die Frucht der Liebe begann in ihr zu reifen. Umso besorgter zeigte sich aber ihr Mann in nächtlichen Gesprächen und warnte sie erneut vor der verbrecherischen List ihrer Schwestern. Doch Psyche glaubte, vor ihnen sicher zu sein, war aber dennoch überrascht, als sie bald darauf in unhöflicher Eile schon wieder Einlass begehrten. Die neue Mutterwürde wurde freudig vernommen und all die weiteren geheuchelten Zuneigungen der Schwestern ließen Psyche unvorsichtig werden, als diese erneut nach ihrem Mann und seiner Familie fragten. Psyche erinnerte sich nämlich nicht mehr, was sie ihren Schwestern über ihren Mann schon erzählt hatte, und so fügte sie der ersten Erfindung eine zweite hinzu. Den Schwestern wurde dadurch klar, dass sie entweder belogen wurden oder, noch befremdlicher, dass Psyche die wahre Identität ihres Mannes gar nicht kannte.

Jetzt hatten die Schwestern das Tor zu Psyches zerbrechlicher Seele gefunden und die Erinnerung an den düsteren Orakelspruch half zusätzlich die naive Schönheit derart zu verwirren, dass sie einem Plan ihrer ruchlosen Schwestern zustimmte. Die Vorbereitungen waren schnell getroffen, indem ein blank poliertes Messerlein und eine Öllampe im Schlafzimmer der Liebenden versteckt wurde. Psyche, sodann allein gelassen, schwankte, wurde von ihren Gefühlen aufs Äußerste hin- und hergerissen, hasste zwar das vermeintliche Ungeheuer, liebte jedoch den Vater ihres heranwachsenden Kindes. Freilich, die Entscheidung in ihr war gefallen und sie ahnte dunkel, dass genau dadurch ihre mörderische Tat auch notwendig wurde. Selbst dann, wenn diese Notwendigkeit mit Sicherheit nur eines garantieren konnte: Risiken.

Die Schatten wuchsen, und als sich die Dunkelheit vollends im Tal ausgebreitet hatte, erschien Psyches ahnungsloser Mann gut gelaunt und ohne jede Absicht,

Venus, die Göttin der Liebe zu beleidigen. Alsbald trug ihn der Schlaf in die Täler der Erinnerung und Psyche schritt zur Tat und entzündete die Öllampe, um das Geheimnis dieses Wesens zu erhellen. Nichts hätte sie tiefer treffen können als das, was sie dann tatsächlich sah: Eros, den Liebesgott in seiner ganzen unschuldigen Sinnlichkeit.

Statt auf ihn richtete sie das spitzige Messerlein nun auf sich selbst. Doch eine nervöse Unbedachtheit vereitelte den Frevel und Psyche kam allmählich wieder zur Besinnung. Sie begann bewundernd Pfeil und Bogen, Instrumente ihres Gatten und seiner Berufung, zu betasten. Sie konnte es nicht unterlassen, einen Pfeil aus dem Köcher zu nehmen, um sich damit den Daumen aufzuritzen, bar jeden Wissens, was sie tat. Sie spürte nur noch heftigeres Begehren, küsste ihren Liebesgott erneut, doch eine erregte Geste ließ die Öllampe kippen, sodass Tropfen glühenden Öls auf die milchweiße Schulter des Geliebten flossen. Eros sprang erschreckt auf.

Entsetzt ob der verratenen Treue, löste sich Eros aus den Armen Psyches und hielt ihr entgegen: »Ich habe den Befehl meiner Mutter hintangesetzt und statt dich, nach ihrem Willen, durch Liebe und Ehe dem allernichtswürdigsten der Menschen zu verbinden, bin ich selbst dein Liebhaber geworden.«[5]

Diese Worte ihres ersten und einzigen Geliebten ließen Psyches Lebenswillen wie ein verdorrtes Zweiglein brechen. Sie stürzte sich geradewegs über die Ufer in den nahe dahinfliessenden Fluss. Dieser jedoch ließ zu Ehren des Gottes, dem sie ihr Schicksal verdankte, Psyche weich eintauchen und durch eine gefällige Woge unmittelbar vor den Füssen Pans in blühenden Wiesen landen. Der in Liebesangelegenheiten nicht ganz Unkundige sah ihren Schmerz und empfahl ihr, Eros nicht aufzugeben: stattdessen solle Psyche versuchen, sich ihn zu verdienen. Hoffnung ließ Psyche sofort wieder aufbrechen, denn sie ahnte, wo sie Hilfe und Unterstützung erwarten könnte, doch noch dringlicher erschien ihr, zuerst bei ihren Schwestern vorzusprechen. Nacheinander erzählte sie ihnen die Geschichte, wie sie sich tatsächlich zugetragen hatte – nur die Pointe war neu. Und eine Lüge. Psyche ließ das Ende so erscheinen, als gedenke der Sohn der Venus nun eine von ihnen zu heiraten. Von Gier getrieben, ließen die Schwestern alles fallen, verließen unter noch schändlicheren Lügen nacheinander ihre Gatten, um dem vermeintlich neuen Glück entgegenzufliegen. Nur, nach den Klippen trug kein gnädiger Windgott die Schwestern ins Tal, und so beendeten die Gesetze der Schwerkraft das unwürdig verbrachte Leben.

Jetzt erst konnte sich Psyche voll auf die Suche nach Eros konzentrieren, während dieser im Heim der abwesenden Mutter seine immer noch stark schmerzende Brandwunde pflegte. Das konnte Venus natürlich nicht lange verborgen bleiben, hatte sie doch Verbündete auch in der Tierwelt. Eine schneeweiße Möwe überbrachte ihr schließlich die Nachricht über ihren leidenden Sohn, und noch schlimmer, dass die Ursache seines Leidens sie und ihren Sohn in aller Welt um ihren guten Ruf gebracht hätte: »Von ihm sage man, er verbuhle seine Zeit im Gebirge bei einer Beischläferin und sie lebe in

Herrlichkeit und in Freuden beim Ozean im Bade. Unterdessen gehe es auf Erden bunt über. Lust, Witz und Grazie seien davon entflohen. Alles sei wild, grau und ungesittet.«[6] So wolle man keine Freundschaft, kein Sentiment, keine Liebe mehr. Abscheuliche Ausschweifungen und grässliche Laster herrschten.

Venus konnte kaum fassen, dass ausgerechnet ihr Sohn sich der sinnlichen Künste bediente, welche sie so meisterhaft seit jeher über alle Völker gesät hatte, und sie sann – auch aus Furcht, ihre große Feindin und Nebenbuhlerin als Schwiegertochter zu erhalten – auf Rache.

Psyche indessen fiel in immer tiefere Trauer und irrte Tag und Nacht herum, bis sie zu einem Tempel geriet, wo Weizen- und Gerstenhalme, Sicheln und weitere Geräte der Erntearbeit wild durcheinander geworfen die Stätte Gottes entweihten. Ihr Mitgefühl ließ sie die Dinge sorgsam ordnen, was von den Göttinnen nicht unbemerkt blieb, und so erschien die nährende Ceres und ließ Psyche wissen, dass sie überall von der tobenden Venus gesucht wurde. Doch der flehenden Psyche konnte auch sie aus Angst vor Rache keine Hilfe anbieten. Psyches verzweifelte Wanderschaft führte sie danach auf einsamen Pfaden in ein Tal, in dem überall an Bäumen Geschenke und mit goldenen Buchstaben gezeichnete Kleider hingen. Alsbald erkannte sie das kunstvoll gebaute Heiligtum von Jupiters Gattin, ging zum Altar, kniete nieder und bat die Königin der Göttinnen, die Ehestifterin und Lichtbringerin, ihr bei ihrem Leiden und ihrer leiblichen Frucht beizustehen. Die angerufene Göttin versicherte Psyche in würdevollem Ton, wie gern sie ihr helfen würde, doch auch sie könne nicht gegen ihre Schwiegertochter Venus handeln. Als erfahrene Göttin hielt sie sich aus diesem Kampf der Frauen heraus und zog sich auf eine neutrale Haltung zurück, derweil Psyche – ihrer letzten Hoffnung beraubt – sich langsam mit dem Gedanken vertraut machte, sich Venus zu stellen.

Dahinter lockte natürlich auch die kleine Möglichkeit, ihr Geliebter könnte sich im Palast seiner Mutter aufhalten. Als sie überdies vernahm, dass Merkur die Suche nach ihr öffentlich gemacht und mit einer Prämie die Gier der Menschen angestachelt hatte, wusste sie, dass Venus im Himmel Hilfe geholt hatte. Gegen eine Verschwörung der Götter war sie als menschliches Wesen von vornherein ohne jede Chance. Psyche, ihrer Naivität entwachsen, war durchaus auf Demütigung, ja sogar auf harte Strafen vorbereitet, aber gewiss nicht auf den perfiden Zorn der Liebesgöttin. Diese ließ sie nämlich zuerst von ihren Mägden *Kümmernis* und *Betrübnis* mit Geißeln und anderen Folterwerkzeugen übel zurichten, bevor sie selbst alle Göttlichkeit verlierend Psyche die Kleider vom Leib riss und sie mit den grässlichen Worten ins Gesicht schlug, dass diese Ehe nie von Eros' Vater anerkannt und somit gar nicht legitim sein könne. Um ihre Liebesfrucht zu retten, hätte sie nunmehr angemessene Prüfungen zu bestehen. Doch schon die erste Aufgabe zeigte die wahre Absicht von Venus, die haufenweise Gerste-, Hirse- und Mohnsamen mit Erbsen, Linsen und Bohnen zusammenmischte und Psyche aufforderte, diese nun fein säuberlich bis zum Abend zu trennen. Eine unmögliche Aufgabe, an der man nur verzweifeln konnte, wäre da nicht eine Ameise, voll Mitgefühl für die verletzte Psyche. Umgehend rief sie ihr sechsfüßiges Volk und noch bevor die Sonne den westlichen Horizont erreichte, war das Unmögliche geschafft.

Zu Beginn der Nacht kehrte Venus zurück, sah missmutig das vollendete Werk und stellte ihr sogleich die nächste Aufgabe, überzeugt davon, diese werde Psyche endgültig in den Tod treiben. Diese war noch sonderbarer als die bereits gemeisterte Prüfung und bestand darin, an einem Hain unterhalb der Berge, wo goldfarbene, blökende Schafe weideten, eine Flocke zu holen. Obwohl Psyche keine Ahnung über Sinn und Schwierigkeit dieser Prüfung hatte, machte sie sich, des Lebens müde geworden, auf den Weg, um irgendwo im Gebirge ihrem sinnlos scheinenden Dasein ein Ende zu bereiten. Solcherart trübselig unterwegs vernahm sie plötzlich ein feines Raunen, stellte fest, dass es vom Schilfrohr kam und hörte gebannt hin. Das Schilfrohr warnte davor, durch einen selbstgesuchten Tod heilige Gewässer zu entweihen und empfahl einen Weg, den furchtbaren Schafen zu begegnen. Psyche wurde angewiesen, zu warten bis die Schafe, die zur Mittagszeit in brennender Hitze tobten, sich abgekühlt haben würden, um sich danach in Ruhe des Abends zu nähern.

Solchen Rat wollte Psyche nicht verschmähen. Indem sie sich das Wissen des Schilfes zunutze machte, bestand sie auch diese Prüfung, wenn auch wieder nicht zur Freude von Venus. Ohne Psyche auch nur eine Rast zu gewähren, verwies Venus sie auf einen felsigen Gipfel eines hohen Berges, woher aus gewaltigen Wasserfällen dunkles Wasser aus einer schwarzen Quelle herabstürzte. Aus dem Strudel der höchsten Quelle sollte Psyche ein Kristallgefäß, das ihr Venus überreichte, mit reinem Tau füllen. Als die Pflichtbewusste sich jedoch den Wasserfällen näherte, sah sie die völlige Aussichtslosigkeit, diese Prüfung zu bewältigen, auf einen Blick. Nicht genug, dass die allerhöchsten Klippen selbst für geübte Bergsteiger kaum zu bewältigen gewesen wären. Auch sah sie überall riesige, ewig wachsame Schlangen, deren leuchtende Pupillen wie Warnlichter des Todes jedem Näherkommenden unmissverständlich signalisierten, was er zu erwarten hätte. Selbst das dunkle Wasser murmelte Psyche zu, sie solle fliehen oder ein schrecklicher Tod sei ihr gewiss. Nur, wohin sollte die Sterbensmüde denn fliehen, wo alles so ausweglos aussah, wo sie vor Schreck wie gelähmt war, wo selbst der letzte Trost der Tränen versagt blieb? Ein heftiges Rauschen der Winde ließ Psyche gen Himmel schauen, wo sie einen Adler entdeckte, der sich ihr in wahrhaft königlich anmutenden Flügelschlägen näherte und ihr seine Hilfe anbot. Der Herr der Lüfte, der Bote des Zeus, der nun das Kristallgefäß umkrallte, sich würdevoll in die Lüfte schraubte und sich im Wissen dem schwarzen Wasser näherte, dass dies selbst den Göttern gefährlich werden könnte. Des Adlers List und Lüge, Venus hätte ihn gesandt, verfielen nicht wenige Tropfen des Quellwassers und landeten zur Genüge in der Kristallschale. Psyche konnte jetzt hoffen, die drei Prüfungen bestanden zu haben. Doch selbst mit dem Lebenswasser in der Hand war die Liebesgöttin nicht abgekühlt und sie drückte ihr alsbald eine Büchse mit der unheilvollsten aller Anweisungen in die Hand: Nimm dieses Gefäß, geh damit in die Unterwelt und bitte Persephone um soviel Schönheit, wie es mir als Göttin der Liebe zusteht.

Psyche wusste jetzt, dass Venus mit dieser Forderung, eine Reise in die Unterwelt anzutreten, nur noch eine Absicht verfolgte, sie zu vernichten. So also nahm die immer noch Liebende ihren letzten Weg zu den Geistern der Toten unter die Füße, und als sie inmitten der traurigen Düsternis einen hohen, schwarzen Turm erblickte, schien ihr das der ideale Ort zu sein, um durch einen Sturz aus dessen Höhe direkt in die Unterwelt zu kommen. Als sie jedoch die Treppen hochstieg, vernahm sie eine raunende Stimme: Warum willst du dich von meiner Höhe herabstürzen und dich töten? Warum ohne Not der letzten gefährlichen Arbeit unterliegen? Nachdem Psyche vom weitschauenden Turm über Topographie und Tücken ihres gefährlichen Pfades aufgeklärt worden war, machte sie sich auf in die Unterwelt. Sie fand gut versteckt die Pforte zum unterirdischen Weg, sah die dunkle Burg von Orkus, begegnete einem hinkenden Eselstreiber. Er bat sie, vom Esel herabgefallenes Holz wieder aufzuheben, doch sie ging stillschweigend an Mensch und Tier vorüber, wie ihr der Turm geraten hatte. In einer Stille, die nie ein Echo kannte, stolperte sie auf unebenen Wegen durch kniehohen, wabernden Nebel, bis ihr ein schwaches Rauschen zu verstehen gab, dass sie sich dem Totenfluss näherte, jenem allerletzten Übergang vom Land der Lebenden zu den Toten. Sie entrichtete Charon sein Fährgeld und während der Durchquerung des trägen Flusses griff plötzlich eine verweste Hand nach Psyche und ein toter Greis schrie erbärmlich, sie möge ihn doch aufs Floß zerren. Doch die jetzt vollends unerschrockene Psyche zeigte keine falsche und hier auch unerlaubte Barmherzigkeit, gelangte unversehrt ans jenseitige Ufer und traf nach geraumer Zeit auf uralte Weberinnen, die sie um ihre Mitarbeit baten. Vergeblich, Psyche kannte die Gefahr und war auch nicht übermäßig erschreckt, als sie an Persephones Eingang einem dreiköpfigen Hund begegnete, der den Toten sein Entsetzen entgegenbellte. Sie gab ihm einen Honigkuchen und wurde dann umgehend von einer ausgesucht höflichen Unterwelt-Göttin empfangen und gebeten, an einer mit den herrlichsten Speisen gedeckten Tafel zu sitzen. Dankend nahm Psyche auf dem Boden zu Füßen der Göttin Platz, lehnte aber das üppige Mahl ab und verlangte stattdessen ein Stück schwarzen Brotes und trug dann ihr Anliegen vor. Die Bitte fand Gewähr. Und zu ihrer eigenen Überraschung befand sich Psyche bald darauf mit der heimlich gefüllten und verschlossenen Büchse auf dem Rückweg. Mühelos ließ sie die Gefahren der Unterwelt hinter sich. Als sie bereits Farbe und Düfte der menschlichen Welt wahrnahm, packte sie die Neugier und warf in Psyche die verhängnisvolle Frage auf, ob sie sich tatsächlich nur mit der Rolle als Trägerin der göttlichen Schönheit begnügen solle? Sie dachte an das Entzücken ihres schönen Liebhabers, öffnete die Büchse, doch statt Schönheit überfiel sie der Schlaf. Ein Totenschlaf. Und Psyche verwandelte sich in die wohl schönste Leiche der antiken Welt.

Doch – welch wunderbare Synchronizität der Ereignisse – genau in diesem Augenblick fühlte sich Eros wieder geheilt, doch nun fehlte Psyche. Da sehen wir Eros, wie er aus dem Palaste seiner Mutter flieht und seine Geliebte findet. So schnell wie ihn seine Flügelchen tragen konnten, nahm er behutsam den Schlaf von ihr, verschloss diesen schnell in der Büchse, um danach mit der Spitze eines Pfeils die ihm bestimmte Seelenpartnerin aufzuwecken. Darauf schickte er Psyche zu Venus, um ihren Auftrag zu erledigen, derweil er sich um alles andere kümmern wollte. So schwang er sich auf und flog direkt in den Himmel, wo er seinem Göttervater Zeus seine innere Not klagte, dass er bei keiner Göttin das Wunder der Liebe erfahren habe, wohl aber bei einem menschlichen Wesen. Einer bewussten Liebe noch dazu, die sogar bereit war zu sterben, um den Geliebten als Todesbräutigam zu empfangen. Zeus zeigte Mitgefühl, nicht zuletzt weil er Eros einst einige schöne Sünden verdankte, und er gab Merkur den Befehl, eine himmlische Versammlung aller Götter und Göttinnen einzuberufen. Und dort sprach er zu ihnen: Ihr alle kennt diesen jungen Mann, der hier unter meinen Augen herangewachsen ist. Es ist jetzt Zeit, dem feurigen Ungestüm seiner ersten Jugend Zügel anzulegen. Das Mädchen, das er sich gewünscht und das sich ihn gewählt hat, sei in diesem Augenblick vermählt. Und in ihrer Umarmung genieße er fortan Fülle und Liebe.

Danach beruhigte Zeus die sichtlich nervös gewordene Venus und versprach, dass ihr göttliches Geschlecht keineswegs unter der Verbindung ihres Sohnes zu einem menschlichen und daher sterblichen Wesen zu leiden habe. Sodann richtete er an Merkur den Befehl, Psyche abzuholen und sie in den Himmel zu ihrer Götterversammlung zu bringen. Dort angelangt, wurde der strahlenden Psyche der Nektar-Kelch der Unsterblichkeit überreicht und der Göttervater zeigte ihr jenes ewige Band, das die Liebenden verknüpft hatte.

Die menschliche Liebe Psyches zu ihrem göttlichen Liebhaber mündete in der ergreifendsten Hochzeitsfeier, welche der Himmel je gesehen hatte. Das Kind indessen, die erste Liebesfrucht des nun göttlichen Paares wurde auf Erden geboren. Es war, dem weiblichen Mysterium dieser Geschichte angemessen, eine Tochter und ihr wurde der Name *Wollust* gegeben.

Die Seele in der Geschichte. Oder: dem Mythos eine Richtung geben

Dieser wohl tiefste und schönste Mythos der antiken Welt, den wir im letzten Kapitel erzählt haben, ist weder individuell noch kollektiv eingelöst und verwirklicht. Außerdem wird in diesem Einweihungsweg Erotik und Sexualität nicht wie in der christlichen Theologie dämonisiert oder gar verneint, sondern durch einen überaus inspirierenden, alchemistischen Prozess gereinigt. Psychologische Einsicht und spirituelle Sensibilität leiten Psyche an, ihre einzigartige persönliche Geschichte zu entwerfen, indem sie Erfahrung zu Erfahrung fügt und so alles Nötige über sich und ihre archetypische Umwelt lernt. Im Folgenden wollen wir also untersuchen, wie diese ergreifende Erzählung uns helfen kann, sich des mythischen Bereiches im geheimnisvollen Zusammenhang von Eros und Seele bewusst zu werden. Wir können in den Ereignissen, Folgen und Gestalten der Geschichte von *Eros und Psyche* jene innere Heilung aufsuchen, die auch unser eigenes Liebesleben in einem größeren Zusammenhang erscheinen lässt.

Tatsächlich finden wir ja zu Beginn eine Psyche, die – von ihrer überirdischen Schönheit abgesehen – uns in vielerlei Hinsicht gar nicht so unähnlich ist. Auch sie hat den Kontakt zu ihren tiefen Gefühlen, zu ihren eigenen Wünschen, zu ihrem innersten und authentischen Zustand verloren. Irgendwann begann sie ihren Seelenprozess falsch zu interpretieren und sich ihrer selbst zu entfremden. Statt Nähe und Intimität erzeugte Psyches Schönheit eine Kluft zwischen sich und den Menschen. Sie blieb ohne Liebe, vereinsamte zusehends und begann sich am Ende gar so zu hassen, dass ihr Vater nicht mehr anders konnte, als Apollos Orakel um Rat zu bitten, dessen furchtbare Antwort die Todes-Hochzeit unserer Heldin zur Folge hatte. Nach übereinstimmender Meinung aller namhaften ForscherInnen wird in diesem Ritual mitsamt seinen düsteren Symbolen der sterbenden Brautfackeln, den klagenden Tönen der Flöte, den dumpf schallenden Todeshymmen ein Eckstein matriarchaler Psychologie sichtbar. Die Wahrhaftigkeit des Frauseins wurde in dieser Anti-Feier der objektiven Wahrheit geopfert. Subjektive und objektive Wahrheiten vermischen sich in gegengeschlechtlichen Projektionen. Die unabhängige Frau, zu ihrer vollen Blüte gereift, verwandelt sich hier in eine welkende Muttergestalt, derweil sich der Mann zum

Herrn und Gebieter aufschwingt. Und welche Frau mag sich angesichts dessen nicht so fühlen wie Psyche, als sie nach der Feier allein und frierend auf den nassen Klippen zurückgelassen wird?

Soweit die menschliche Sichtweise. Aus der Perspektive der Transzendenz, der Archetypen, der Götter jedoch stellt Psyche – insbesondere für Venus – eine reale Bedrohung dar. Ihr seit jeher zugedachte Opfer wurden vernachlässigt, Zeremonien verschoben; Blumen an ihren Altären verwelkten, ohne ersetzt zu werden, und dies alles nicht etwa, weil die Menschen eine neue oder andere Göttin verehrten, sondern ihresgleichen, ein menschliches Wesen, wenn auch mit himmlischer Schönheit gesegnet. So wie es einst Prometheus gelang, sich heimlich in den Himmel zu schleichen, um vom Sonnenrad einige Feuersamen zu entwenden, so befürchtete Venus, könnte es Psyche gelingen, den Göttern auch noch das Geheimnis und die Mysterien der Liebe zu entreißen. Unmöglich, so etwas hinzunehmen! Die Eifersucht der Göttin erwachte in einem schrecklichen Ausmaß. Zu den Werkzeugen ihrer Rache machte sie nicht nur das Orakel, welches sie schamlos manipulierte, sondern auch ihren eigenen Sohn und Verbündeten. Ihm bürdete sie die seelenlose Pflicht auf, Psyche mit dem allerniedrigsten Menschen, dem das Schicksal Erbe und Gesundheit geraubt hat, in größter Liebe zu verbinden. Darin kannte sich der bisher nicht gerade durch Feinfühligkeit aufgefallene Eros aus und vielleicht folgte er gerade deswegen nicht der Absicht seiner Mutter, sondern ließ Psyche durch Zephyr ins Tal gleiten und in sein blumiges Schloss einziehen. Statt in den Armen eines Ungeheuers erwachte die bisher freund- und freudlose Psyche zu ihrer großen Liebe. Tage des Verlangens und Nächte der Befriedigung ließen sie in den Flammen der Leidenschaft tanzen. Wie ein Rausch flog die Zeit der starken Gefühle dahin und wären nicht ihre Schwestern in diesen trügerisch-idyllischen Lustgarten eingebrochen, Psyche wäre im Meer der Sinnlichkeit ertrunken. Nicht nur, dass sich die Partner unsichtbar bleiben mussten, auch die Herkunft, die Identität ihres Liebhabers blieb ein Geheimnis der beide umgebenden Dunkelheit.

Nun gehört es tatsächlich zu den Aufgaben von Eros, uns in die Dunkelheit zu locken. Denn Sinnlichkeit und Spiritualiät speisen sich aus demselben Mysterium. Wenn wir uns verlieben, wenn durch die Unergründlichkeit des Partners Neugierde, Entdeckergeist und Abenteuerlust auflodern, befinden wir uns in einem Zustand, einem Akt der Gnade, in welchem wir mit dem Unbekannten in Berührung kommen. Hier ist die Möglichkeit gegeben, zu sich selbst, zu andern Menschen, Generationen, Realitäten, ja selbst zum Göttlichen zu kommen. Doch durch welches Wunder verwandelt sich eine Zufallsbegegnung, eine plötzliche Verliebtheit in Liebe? Wie ist es möglich, in einen solchen Zustand der zutiefst menschlichen Geweihtheit zu gelangen, und warum geschieht es so oft und leicht, dass wir wieder daraus herausgestoßen werden?

Einen ersten Hinweis gibt uns der Mythos durch die Schwestern.

Sie, so scheint es zunächst, stellen sich aus purem Neid zwischen Eros und Psyche, und da jede für sich in einer würgenden Ehe gefangen ist, haben sie natürlich ein feines Gespür für Gefängnisse aller Art. Doch Psyche ist verliebt, aber selbst gefangen und von der Liebe noch weit entfernt. Sie konnte und wollte zunächst nicht zwischen einem leeren Rausch ihrer Gefühle und einer echten Partnerschaft unterscheiden. Ihr genügte das einfache Geschehen, in Entzücken und Ekstase zu sein, und, in prächtigen Liebesfantasien schwelgend, merkte sie nicht, dass sie in eine Beziehung geraten war, der beinahe jedes menschliche Element fehlte. Psyche war verliebt in einen Mann, den sie als Mensch nicht kannte, doch sie fühlte sich so stark zu ihm hingezogen, dass sie eher sterben wollte, als Licht in die Beziehung zu bringen. Hingezogen sein – das bedeutet, dass Eros ein göttliches Bild ihrer Seele widerspiegelte.

Wir erkennen jetzt Psyches Verliebtheit als unreflektierte reine Projektion, will heißen, sie ist vor allem in sich selbst verliebt. Das ist zu Beginn einer Beziehung weder gut noch schlecht, sondern ein schlicht menschlicher, verständlicher Vorgang:

Über und durch die Projektion werden die Geheimnisse unserer inneren Welten sichtbar. Projektionen sind deshalb auch ein Bemühen um Veränderung und dieser Prozess erzeugt nicht nur in Phasen der Verliebtheit ein heftiges Feuer, dessen Hitze nicht nur verdeckte Komplexe, sondern vielerlei Geister und Götter anzieht. Psyches Schwestern sind solche Geister, die jetzt unschwer als ihre eigenen Schatten erkennbar werden. Je mehr sich Psyche ihrem Hunger nach Sex und Vergnügen hingab, desto stärker wurde in ihr der Wunsch, ihre Schwestern wieder zu sehen. Gleichzeitig warnte sie ihr unbekannter Liebhaber immer eindringlicher, dies besser zu unterlassen und erinnerte sie an das Tabu ihrer Beziehung, ja kein Licht in ihr gemeinsames Geheimnis zu bringen. Und je öfter er sie daran erinnerte, desto unwürdiger empfand sie ihre Situation. So ließ sie schlussendlich ihre Schwestern kommen, die Psyches aufkeimendes Unbehagen rasch erkannten und ihr nichts weniger als Mord rieten, um sich aus dieser vergoldeten Gefangenschaft zu befreien. Psyche liebt in diesem Moment zwar ihren Mann, hasst aber zugleich ihre Unwissenheit über ihn. Und so musste sie zur Tat schreiten. Das Licht sollte ihr die Erkenntnis über die wahre Identität dieses Mannes bringen.

Doch wofür steht denn in der Erzählung das Messerlein? Soll damit tatsächlich Eros umgebracht werden? Der griechische Schöpfungsmythos schenkt uns vom Beginn der Zeit ein Bild von dramatischer Kraft: Nichts als ein einzelnes, kleines, zerbrechliches Ei trieb einsam über die endlose Weite des alles beherrschenden Weltmeeres. Niemand weiß, wieviel Zeit verfloss, bis am fernen Horizont ein Schwert auftauchte, sich rasend schnell auf das Ei zubewegte, dieses in zwei Hälften schnitt – und damit Eros befreite. Das Schwert ist hier ein Instrument der Unterscheidung, welches am Anfang das Leichte vom Schweren, das Wasser vom Land und später Tiere und Menschen zu einer wunderbaren Vielfalt und in Gegensatzpaare teilt. So könnte man sagen: Psyche brauchte dieses Messerlein nicht, um sich durch Mord von Eros zu lösen, wohl aber, um sich von ihrem Selbstmitleid, bedingt durch ihre Opferrolle, zu trennen. In ihrer Bereitschaft zur Tat streifte sie diese Rolle ab. Und als sie sich davon trennte, brachte das Licht der Öllampe das Ungeheuer als ihren Liebhaber zum Vorschein und sie erkannte nun Eros. Das gebrochene Tabu ermöglichte ihr erstmals einen Blick auf ihren göttlichen Partner, aber es sollte für eine lange und schwere Zeit auch ein letzter sein. Sie hatte sich selbst aus diesem dunklen Paradies vertrieben. Ein erster Schritt zu Würde und Bewusstsein, zum hellen Paradies ward in dieser Erschütterung vollbracht. Jetzt war sie völlig auf sich allein gestellt.

Wenn wir Initiationserfahrungen aus verschiedenen Kulturen miteinander vergleichen, stellen wir fest, dass Initiationen übereinstimmend stets mit zwei Ereignissen beginnen: Zuerst kommt es zum rituellen Bruch mit den Eltern, was in unserer Geschichte durch die Begräbnis-Hochzeit geschah. Und als zweites folgt eine Verwundung, die hier überraschenderweise nicht durch das Messerlein erfolgte, sondern bei Eros durch erhitztes Lampenöl und bei Psyche durch Amors Liebespfeil. Pfeil und Messerlein sind Symbole, die eine Richtung angeben. Sie sind gleichzeitig *Ursache* einer Wunde und Bestimmendes des mythischen Narrativs, indem sie der Seele auf dem Weg der Geschichte eine Richtung geben.

Eros wurde die Wunde zugefügt, genau wie in Stammeskulturen ältere Männer den Jungen eine Wunde zufügen, um sie nachhaltig in eine überpersönliche und auch übergeschlechtliche Geschichte einzuweihen. Psyche dagegen fügte sich ihre Wunde selbst zu, und das bewirkte nicht nur Erkenntnis und Liebe, sondern auch Trennung von Eros. Paradox, aber folgerichtig, denn durch die Selbstverwundung emanzipierte sich Psyche von der göttlichen Übermacht in ihrer Liebesbeziehung und machte sie zu einer persönlichen Schicksalsentscheidung. Außerdem wusste sie durch ihre Tat nun auch, dass Eros ihre Liebe vor allem wegen seiner Mutter verheimlichte, die er dadurch betrog. Beide also mussten sich, wenn auch von verschiedenen göttlich-archetypischen Kräften befreien. Doch während Psyche diese Wandlung aktiv herbeiführte, war Eros sehr lange Zeit nur damit beschäftigt, das Geschehene passiv zu erleiden. Die Wunden bewirkten die Trennung der Liebenden, weckten jedoch gleichzeitig die Liebe als Sehnsucht, sich wieder zu finden, sich wieder – weit über das Körperliche hinaus – zu vereinigen. All unsere physischen, emotionalen und spirituellen Wunden haben diese Doppelfunktion: uns von etwas zu trennen und gleichzeitig in uns die Sehnsucht nach etwas Vollkommenen zu wecken. Verletzungen sind deshalb auch immer Eingangspforten in das unendliche Reich des Geistes, der Seele, um die zerstreuten Dinge des Lebens auf einer höheren Ebene wieder zusammenzufügen. Wenn wir als Verletzte handeln, handelt unsere Seele mit und deshalb ist es so wichtig, genau wahrzunehmen, was wir in Zeiten des Leidens, der Trennung tun. In solchen Zeiten stehen wir nicht nur unserem Trennungsschmerz, sondern auch elementaren und schöpferischen Kräften gegenüber, die wir weder betäuben noch täuschen können. In solchen Tiefen beginnen wir im Guten wie im Schlechten unsere eigenen Mythen zu schaffen.

Eros, der Liebesgott, verhielt sich bisher so, als sei männliche Sexualität ein weltliches Spiel und selbstverständliches Vergnügen, dem er sich, so oft er wollte und mit wem auch immer, hingeben konnte. Ihm fehlte in seinen dunklen Paradiesen der Lust jedes Gewahrsein, dass er seine göttlichen und schöpferischen Kräfte auf etwas Zufälliges und Banales reduzierte und damit seinen stets wechselnden Partnerinnen Würde und Selbstachtung entzog. Auch Psyche war ihm verfallen, doch ihr genügte das ganz offensichtlich nicht mehr. Ihre Weiblichkeit gewann dank der Erkenntnis über ihre Schatten einen Teil ihres Potentials zurück. Das hatte seinen Preis: Die Unkenntnis über ihren Sexualpartner und sein Nichtteilnehmen am Tagesbewusstsein ihres Lebens konnte nur beleidigend wirken. Doch als Psyche das Licht der Erkenntnis in sein Nachtasyl scheinen ließ, wurde er durch ihre Liebe verwandelt und die Wunde öffnete dem Gott die Augen für das Menschliche. Nun begann auch er ein erstes Mal an der Trennung zu leiden, lernte den Liebesschmerz kennen, starb die tausend Tode der Sinnlosigkeit aller Hoffnungen, um sich schlussendlich als ehemals großer, extrovertierter, promisker Liebesgott zur Innenschau in den Palast und Herrschaftsbereich seiner Mutter zurückzuziehen. Nur dort konnte dem erstmals durch das Wunder der Liebe Verletzten klar werden, dass er trotz seines göttlichen Privilegs, schicksalhaft in menschliche Beziehungen eingreifen zu können, Lust zu genießen, ohne sich um das Leiden kümmern zu müssen, nur ein Werkzeug seiner oft sehr seelenlosen Mutter war. Diese Härte bekam er auch umgehend zu spüren, als Venus, benachrichtigt durch die Möwe, bei ihm auftauchte und ihren Sohn-Geliebten einen Muttermörder schalt. Die Göttin der Liebe verwandelte sich in eine Hexe der Eifersucht, weil sie nur zu genau spürte, wie ihr Sohn seine persönliche Liebe zu Psyche bereits jetzt höher bewertete als die anonymen, sexuell-rauschhaften Privilegien, die sie zu vergeben hatte. Indessen, so schnell gibt eine Göttin nicht auf, will heißen, allein durch die Erkenntnis können sich Menschen nicht von überpersönlichen Kräften befreien. Venus wusste genau, dass sich Psyche noch mit ihr auseinandersetzten musste, und davon sollte alles abhängen, ob Psyche Eros wieder finden und für sich gewinnen würde.

Die Begegnungen von Eros und Psyche und von Psyche und Venus stellen uns letztlich die Frage: Wird der Mensch je zur Ganzheit finden? Wenn wir uns die Konstellation vergegenwärtigen, in die sich Psyche begeben hat, müssen wir zugeben, dass ihre Chancen, zu finden, wofür sie bestimmt war, äußerst gering sind. Einen Liebhaber angesichts der Verlustängste, die wir alle teilen, so herauszufordern, ist gewiss keine geringe Tat. Das ist aber immer noch harmlos im Vergleich zu dem, was Psyche bevorstand. Mit ihrer Tat brachte sie menschlich-weibliches Bewusstsein ins bisher mytisch-rauschhafte Geschlechtsleben. Das war für Eros und noch vielmehr für Venus, die das Geschehen kontrollierten und bestimmten, eine Herausforderung, eine Provokation, der auch sie erstmals gegenüberstanden. Der Weg zur Ganzheit, wird uns hier gezeigt, ist kein Pfad der passiven Kontemplation, sondern vielmehr eine tief greifende

Auseinandersetzung von menschlichen mit göttlichen Lebensprinzipien. Und in diesem Kampf hatte Psyche – wie wir Heutigen – keine bewusste Verbündete und nur eine Möglichkeit des Widerstehens: ihr Bewusstsein. Vor allem ihr Bewusstsein, dass Liebe niemals gedeihen kann, solange sie nur ein unbewusster Prozess ist, dem man, ob nun götter- oder hormonbedingt, gelegentlich *zum Opfer fallen* kann.

Allerdings verlässt Psyche mit diesem sich erinnernden und deshalb neuen Bewusstsein, das Trennung und Leiden einschliesst, erstmals das Reich der Seele. Ihr bisheriges Dasein war ein Leben in seligen Paradiesen, als Königstochter und Göttergeliebte, wo Gegensätze mühelos verschmelzen konnten. Diese Reiche lagen jetzt hinter ihr. Vor ihr dagegen öffnete sich eine unbekannte Welt, in der Venus mit Macht und Kontrolle die Spielregeln diktieren wollte.

So also machte sich Psyche mit nicht viel mehr als ihrer gespaltenen Einsamkeit, aber mit der durch Erinnerung vollends erwachten Liebe auf die Suche nach Eros. Sie erwies sich zunehmend als Flucht vor Venus. Psyche lernte dabei das Überlebenshandwerk der Heimatlosen, des Exils: das Lesen und Verstehen von Zeichen. Als sie im Tempel Ähren und Geräte der Erntearbeit wild durcheinander vorfand und ihr wohlmeinende Göttinnen nur Ausreden auftischten, musste Psysche erkennen, dass einiges durcheinander geraten war: im Himmel wie auf Erden, im Bewussten wie im Unbewussten. So stellte sich die Liebende, durch schmerzvolle Erfahrungen auf alles vorbereitet, der Liebesgöttin.

Was aber gab Psyche die Kraft, sich ihrer in beinahe jeder Beziehung überlegenen Widersacherin zu stellen? Erinnern wir uns an die erste große Krise kurz nach der Trennung, als der Fluss ihren Versuch, sich das Leben zu nehmen, vereitelte und sie sanft vor die Füße Pans legte. Diese auf den ersten Blick nebensächliche Begegnung mit dem Schutzgott des Waldes, der Weiden und Hirten, erweist sich als wertvoller Schlüssel zum Verständnis von Psyches innerer Kraft. Von ihm erhält sie das Motiv und den Impuls weiterzuleben und ihre Suche zu vollenden: Suche nicht wieder dein Leben auf gewaltsame Art zu beenden, gib dich zufrieden, weine nicht so untröstlich. Und durch diese Stimme begann Psyche, sich Eros in seiner zärtlichen, liebevollen Seite vorzustellen.

Pan kann Psyche so gut verstehen, weil er selbst bestens mit der Liebessehnsucht vertraut ist, denn auch er war wie Eros ein erotischer Jäger, der so manche Jungfrau, ob gewollt oder nicht, mit seiner Manneskraft überraschte. Bis er Syrinx begegnet war, die seine Liebe nicht erwiderte, vor ihm flüchtete und von der Flussnymphe gerettet wurde, die sie in ein Schilfrohr verwandelte. Seither sucht Pan auf seiner Flöte, die er aus dem Schilfrohr sich schnitzte, seiner unerreichbaren Geliebten immer wieder neue Melodien der Sehnsucht einzuhauchen. Die tragische Schönheit von Pans Schicksal führte Psyche vor Augen, dass sie während ihrer intensiven Leidenschaft von allen Lebenssorgen, von allen Fragen der vergangenen und zukünftigen Zeit durch die unendliche Fülle des sinnlichen Augenblicks abgeschirmt war.

Doch jetzt – zurück im entzauberten Alltag – ist eine Ausrichtung, eine bewusste Bemühung um die Liebe als Ganzheit gefordert.

Und genau dieses Geschenk erhielt sie von Pan: Seine weisen Worte zeigten ihr die andere Seite der Liebe, gaben ihr die Fähigkeit, ihr Leben zu verändern, um die Seele mit neuer Kraft und Zuversicht zu erwecken. Durch selbstlose Liebe wurde Pan seinerseits zu Psyches Mentor.

An dieser Stelle der Erzählung ist alles offen. Wird sich aber das Versprechen des Mythos, dass eine Frau und ein Mann je zu einer Ganzheit finden, einlösen? Begegnung der Geschlechter meint nicht, dass sich bloß zwei Hälften vereinigen. Vielmehr begegnen sich zwei in sich selbst ganz gewordene Menschen in voller Ebenbürtigkeit. Das setzt Freiheit zum Widerspruch voraus, ohne die der Dialog nicht stattfinden kann.[7] Es setzt das Erkennen der eigenen Grenzen voraus, ohne das das innerste Wachstum nicht nur rein äußerlich unmöglich sein wird. Für uns LeserInnen ist hier die mythische Erzählweise offen. Sie ist offen, weil wir Arbeit am Mythos verrichten und nicht selbst mythisch sein wollen.

So also steht Psyche vor Venus, die in Liebesangelegenheiten stets alles will, alles bekommt und doch nichts hat, das ihr wirklich zugehörig wäre. Selbst Göttinnen aus ihrem engsten Kreis gewähren ihr in dem sich anbahnenden Kampf zweier auf verschiedenen Ebenen herausragender Frauen keine Hilfe mehr. Der Himmel bleibt stattdessen neutral. Deshalb ließ die wütende Göttin auch nie Zweifel aufkommen, dass die vier Prüfungen, welche Psyche für ihre Befreiung zu bestehen hat, nur das Ziel kannten, sie endgültig auf die Todesreise zu schicken. Doch stattdessen gerät Psyches Reise gewissermaßen zum Gegenstück eines männlichen Heldenweges.

Psyches erste Reifeprüfung erscheint uns wie eine ferne Erinnerung an den Anfang von Gilgameschs Heldenweg, nur eben aus weiblicher und nicht aus männlicher Perspektive. Psyche ordnet ein Symbol der männlichen Promiskuität: den von der weiblichen Liebesgöttin zusammengemischten Haufen aus verschiedenen Getreide-, Erbsen-, Linsen- und Bohnensamen. Nur wird hier dieses Chaos nicht von einem frei streunenden Mann angerichtet, sondern von einer Göttin, die sich von ihrem Ideal entfernt hat. Es zeigt ein für sich und ihresgleichen äußerst riskantes Spiel mit den Erdkräften der Liebe. Denn die Samen repräsentieren nicht nur die Anonymität der männlichen Kräfte und die Folgerichtigkeit göttlicher wie auch matriarchaler Promiskuität im Dienste der Fruchtbarkeit, sondern sie enthalten auch die Sprengkräfte des Zukünftigen, Neuen – das Potential zur Ganzheit.

Im Laufe dieser Prüfung, deren Sinn und Lösung zuerst unklar und unmöglich scheint, wächst Psyche etwas einzigartig Menschliches zu. Geboren aus ihren Instinkten, wie es die hilfreichen Ameisen symbolisieren, bringt sie in die Liebe, die bisher von göttlichen und erdhaft-vegetativen Kräften bestimmt blieb, die unbewusst herangewachsene Kraft des menschlichen Selbstbestimmungsrechtes. Das Männliche hat für Psyche aufgehört anonym zu sein. Sie hat sich als Frau entschieden. Sie hat eine Wahl getroffen, und damit erst wurde ihre Liebe eine menschliche Liebe. Eine Liebe zwischen den Kräften der Erde und des Himmels, der Sexualität und der Archetypen.

Wahl und Entscheidung bringen nicht nur Leiden mit sich, sondern lassen im Menschen einen inneren König, eine innere Königin erwachen, um jenseits der momentanen Möglichkeiten eine neue Welt zu ordnen. Zukunft hatten in der antiken Welt nur jene, welche an die Schönheit ihrer Träume glaubten. Und jeder Traum, so er denn Wirklichkeit werden will, verlangt nach einer Entscheidung, selbst dann, wenn die Folgen für die Seele kaum oder überhaupt nicht abzuschätzen sind. Psyche musste sich also auf Risiken einlassen. Sie wurde nach dem Spiel im Lustgarten von Eros allmählich für eine Entscheidung reif, doch erkannte sie erst bei Pan, dass alles eine Notwendigkeit ihrer seelischen Entwicklung war.

So auch die zweite Prüfung, die noch bizarrer anmutet, musste Psyche doch Flocken wolligen Goldes von wilden, durch die Mittagssonne zusätzlich erhitzen Schafen holen. Von der anfänglichen Unverständlichkeit dieser Aufgabe in Verzweiflung getrieben, versuchte Psyche ihr Leben hinzuwerfen, hörte dann aber die hilfreiche Stimme des Schilfes, welches ihr wunderbare Weisheiten über das Wachstum aus pflanzlicher Sicht erzählte. Und während sie dem Schilf zuhörte, verlor das männliche Prinzip der Sonne allmählich seine Kraft. Psyche begann hier zu verstehen, dass Venus sie mit einem weiteren negativen

Aspekt der Männlichkeit zu vernichten versuchte. War es zuerst Promiskuität, ist es nun Unfähigkeit, den eigenen Schatten wahrzunehmen. Männliche Schafe in der Mittagshitze sind für Frauen tatsächlich eine tödliche Gefahr, denn gemeint sind Männer, die glauben, durch ihre sexuelle Kraft oder ihre intellektuelle Brillanz könnten sie direkt in die Sonne des ewigen Ruhms fliegen. Solche *Helden* sind unfähig, ihre Schatten der Überheblichkeit zu sehen und erkennen deshalb auch nicht ihre äußere Gestalt als Schafe einer tumben Herde. Eine Frau, die einem solchen Mann verfallen ist, wird sich bald als Objekt seiner Selbstherrlichkeit missbraucht fühlen. Sie wird an seiner Kälte leiden, sobald sie seinen Zielen nicht mehr förderlich ist, oder an seiner Weigerung verzweifeln, eine tiefe, ernsthafte Bindung einzugehen. Reine Männlichkeit in erhitzten Allmachtfantasien ist für Frauen auch deshalb tödlich, weil sich solche Männer weigern, in ihre Wunden hinabzusteigen. Es würde bedeuten Trauer anzunehmen, Mitgefühl zu entwickeln, herauszufinden, dass Verletzungen, die das Leben zufügt, den Mann mit der Seele seines Vaters in Berührung bringen könnten.

Ein Mann, der liebesfähig werden will, wird sich wie Psyche in die tiefen Täler des Lebens vorwagen müssen, statt immer nur aus Höhen intellektueller Selbstherrlichkeit auf dieselben hinunterzuschauen. So wie Psyche könnte er dort unten am Schilf, an den Wurzeln des Lebens, die heilenden Wasser der Demut in seine sexuellen Wunden fließen lassen und feststellen, dass das, was er bisher als sein Vergnügen betrachtete, Teil einer viel grösseren Geschichte ist. Er könnte beginnen, Sexualität als Initiation in einen alchemistischen Prozess zu würdigen, der Körper, Geist und Gefühl, Empfindung und Fantasie zu einer ganzheitlichen Erfahrung zusammenbringt und damit ein Gefäß für unsere Seele schafft. Das dafür notwendige Gold – in allen Kulturen Symbol für Unsterblichkeit, inneres Leuchten und geistig-seelische Vollkommenheit – holt man nicht mit List und Kampf, sondern wie Psyche durch die Intuition des rechten Augenblicks. Es ist der Moment, in dem die Seele den Wandel ergreift, der durch eine neue Beziehung in den männlich-weiblichen Gegensatz gekommen ist. Doch das bedeutet noch nicht das Ende der Initiation, in die Psyche nach dem Seelentod ihrer Beziehung geraten war, es bedeutet nur, dass sie zu einer neuen Reise, zu einer neuen Prüfung fähig ist.

Psyche soll – wir erinnern uns – zum allerhöchsten Grat eines gewaltigen Berges klettern, um dort ein Kristallgefäß mit dem dunklen Quellwasser zu füllen, welches auch die Ströme der Unterwelt speist. Das bedeutet: Der Weg in und aus der Tiefe führte statt über lichte Höhen in ein groteskes, äußerst gefahrvolles Hochgebirge, wo unergründliche Schlünde schwarzes Wasser ausspieen und wilde, ewig wachsame Schlangen aus Grotten krochen, um zu verschlingen, was sich ihnen näherte. Selbst die dunklen Wasser der Tiefe rieten diesmal zur Flucht. Doch wohin konnte sie fliehen, wenn nicht zurück zu ihrer Auftraggeberin? Dieser Schock traf tief, und abermals fällt Psyche in das schwarze Loch der Depression. Jedoch führte sie diese Versteinerung des Seins nicht selbst, etwa durch ihr Verhalten, herbei. Sie wurde ihr – und das ist bedeutsam – von einer Göttin beigefügt. Und deshalb wird hier Hilfe auch von einem Gott gewährt. Niemand geringerer als der Göttervater Zeus sandte seinen Adler aus, der allein fähig war, aus den unantastbaren Quellen gerade genug zu schöpfen, um das Kristallgefäß zu füllen.

Das männliche Geistsymbol, das Symbol der Hoffnung für neue Ideen, die sich am Horizont zeigen, hilft Psyche bei der Erfüllung dieser Aufgabe. Nicht nur, weil Zeus das Ergriffensein durch die Liebe aus eigener Erfahrung kannte und mit Psyche auch seinen Sohn Eros unterstützen würde – das wäre eine allzu niedliche Beurteilung von Zeus' Charakterzügen, sondern Zeus hat erkannt, dass Psyche in den vorangegangenen Prüfungen eine Verbindung zur Sonne und zum Feuer herstellen konnte, ohne von dessen tödlicher Kraft, etwa als Opfer sexueller Leidenschaft, verbrannt zu werden. Je tiefer Psyche mit jeder Prüfung ins Unbewusste ihrer Weiblichkeit hinuntertaucht, desto klarer nimmt sie die männlichen Gegenkräfte in sich selbst wahr. Zuerst als negative Kräfte sexueller, intellektueller und jetzt, wo es um etwas so unfassbares wie das Lebenswasser geht, auch als emotional-seelische Anmaßung. Indem sie aber begreift, dass diese Anmaßungen nicht nur solche ihres Schattenliebhabers sind, sondern auch Kräfte ihrer selbst, hört sie auf, dagegen zu kämpfen und beginnt stattdessen, die männlich-weiblichen Gegensätze innerhalb ihrer Persönlichkeit zu versöhnen. Und genau in diesem Augenblick beginnen sich die Vorzeichen der männlichen Kräfte zu verändern. Was Psyche vorher im Garten der Lust auf Eros projizierte, wird jetzt als positive männliche Kraft zu ihrem Helfer und Wegweiser durch die innere Welt ihrer Seele. Der Schlüssel zu diesem geheimnisvollen Prozess liegt in der Qualität ihrer Beziehung zu den Kräften. Diese Genialität spiegelt sich symbolhaft in der Anerkennung durch Zeus.

Männliche Kräfte zeigen sich also für Psyche zuerst stets negativ oder feindlich, weil sie nur sehr oberflächlich und unwissend mit ihnen in Verbindung steht. Nachdem sie verletzt wurde und ihr daraus Probleme erwuchsen, lernte sie allmählich die große Kunst der Heilung ihrer inneren Wunden: die Kunst der rechten Distanz von Nähe und Entfernung zu den Verletzungen. Ging sie zu Beginn jeder Prüfung jeweils zu nah an ihr Problem heran, wurde sie von Gefühlen der Ohnmacht derart überwältigt, dass sie sogleich aus dem Leben scheiden wollte. Entfernte sie sich dagegen zu sehr von ihrem Schmerz, konnte sie überhaupt nichts mehr fühlen und verlor die Erinnerung daran. Sie arbeitete nur noch mit dem Verstand, mit dem Vergessen, dessen Lösung die Flucht ist. Indem sie lernte, die Gewichte von Nähe und Distanz auszugleichen, bis sie ihre Wunde fühlen konnte, ohne davon überwältigt zu werden, enstand ein feiner Faden, dann eine Brücke zwischen ihrem Bewusstsein als Frau und ihrer unbewussten inneren Welt. Die hilfreichen Wesen aus der Pflanzen- und Tierwelt, die auf dieser Brücke tanzen, sind Gefährten des kreativen Animus, welche all jene Dinge anzeigen und vollziehen, die Psyche später selbst tun wird.

Fassen wir zusammen: Liebesfähigkeit entsteht, indem wir die enge Beziehung zwischen Seele und Sexualität zu würdigen beginnen und so allmählich Zeuge für die tiefer liegende Wahrheit werden, dass menschliche Liebesbeziehungen durch das Verlangen der Seele entstehen, sich mit dem Bewusstsein zu verbinden. Deshalb tanzen wir in der Verliebtheit nicht nur mit einem menschlichen, sondern auch mit einem göttlichen Partner.

Nur, ohne Unterscheidung zwischen den bewussten und unbewussten Aspekten dieses Tanzes verlieren wir bald beide Partner.

Letztlich können Gegensätze nur innerhalb einer individuellen Persönlichkeit vereint werden. Eben deshalb musste sich im Mythos auch Psyche wieder von Eros trennen, musste lernen, die unbewussten Inhalte, die sie auf ihren göttlichen, aber noch nicht menschlichen Partner projizierte, Schritt für Schritt zurückzunehmen, um dieselben in ihre aufkeimende Persönlichkeit zu integrieren.

Nach der dritten Prüfung hatte Psyche ihr Bewusstsein aus der Gefangenschaft des Körpers und seiner Instinkte befreit sowie eine Ich- und Zielfestigkeit erlangt, die es ihr gestatten würden, eine verantwortungsvolle Position in einer Gemeinschaft von Menschen zu übernehmen. Dieser geniale Mythos ist weit mehr als eine Art antikes Überlebensprogramm, weshalb Psyche zum Glück für uns LeserInnen dieser Geschichte die wichtigste Aufgabe noch vor sich hat. Jetzt erst ist nämlich unsere junge Heldin zur Entwicklung des höheren Geistes bereit, und dazu muss sie sich zuerst nach unten wenden, nüchtern ihre Leidenschaften auf allen Ebenen des Seins beobachten und mit Güte, Bescheidenheit und Klugheit die Reise in die Unterwelt antreten. Im letzten und schwierigsten Abschnitt ihres Weges, der zahlreiche Versuchungen und Anforderungen birgt, stehen ihr keine Helfer mehr zur Verfügung. Allein auf sich gestellt, verlässt sie die Welt der Materie, die sie durch ihre Taten überwunden hat, um sich in die Zeitlosigkeit ihres spirituellen Körpers zu begeben.

Einmal mehr übersteigt die von Venus gestellte Aufgabe Psyches anfängliches Vorstellungsvermögen. Ihre Angst, ins Reich der toten Seelen hinabzusteigen, treibt sie geradewegs auf einen Turm, um sich von dessen Höhe hinunterzustürzen. Doch in diesem Reich ist der weitsichtige Turm nicht mehr ein Gefängnis des falschen Bewusstseins, sondern ein weit vielschichtigeres, männlich-weibliches Symbol für das zentrale Nervensystem des physischen Körpers. Wir haben es bei diesem Bild nicht mit einem weiteren Selbstmordversuch Psyches zu tun, als vielmehr mit einem Zusammenbruch. Wie wir heute aus der Hirnforschung wissen, setzt jedes Ich-Bewusstsein ein zentrales Nervensystem und noch etwas Weiteres voraus, das der Wissenschaft noch immer namenlose Rätsel aufgibt. Das wird wohl so bleiben, solange Wissenschaftler sich spirituellen Prozessen verweigern.

Waren also die drei ersten Prüfungen Einweihungen in psychologische Prozesse, um den geliebten Menschen als das zu erkennen, was er wirklich ist, führt die vierte Prüfung zur Erkenntnis, wer sie nun selbst wirklich ist. Und hier verlässt der Mythos die Ebene der Beschreibung und gestaltet sich zu einer Aufführung der höheren Wirklichkeit, die er zu beschreiben sucht. Erst dadurch wird verständlich, warum nicht ihr Ich-Bewusstsein, das die neue Herausforderung ohnehin nicht fassen kann, sondern – sehr viel präziser – ihr Nervensystem zusammenbricht. Sobald sie sich erholt und auf die neue Dimension eingestellt hat, versorgt das System Psyche mit allem notwendigen Wissen, um eine angemessene Balance zwischen den neuen spirituellen und emotionalen Herausforderungen zu halten.

Die schauerlichen Gestalten, denen Psyche auf den dunklen Wegen zur Göttin der Unterwelt begegnet, brauchen uns deshalb nicht weiter zu kümmern. Bemerkenswert dagegen ist das Verbot, dem wirklich bemitleidenswerten Eselstreiber, den Ertrinkenden sowie den Weberinnen in irgendeiner Form beizustehen oder zu helfen. Die lebenspraktische Dimension dieser unerlaubten Barmherzigkeit liegt darin, Psyches Charakter auch gegenüber den Versuchungen der Unterwelt, des Unterbewusstseins zu stärken. Doch warum, ließe sich fragen, soll diese Stärkung ihrer Ich-Festigkeit ausgerechnet gegenüber so schwachen, elenden Menschen erfolgen? Die Antwort fällt in einer Kultur, die kaum noch zwischen heilig und scheinheilig unterscheiden kann, nicht eben leicht. Eine wohl sehr zutreffende Antwort liegt in den Anmaßungen und in der Aufgeblähtheit vieler Repräsentanten des New Age. Obwohl uns alle Schulen mit einer ernstzunehmenden spirituellen Tradition davor warnen, die Tore der Wahrnehmung vorschnell und unkontrolliert zu öffnen, tun viele selbsternannte Lehrer und Gurugestalten genau dies. Durch aus jedem kulturellen Kontext herausgerissene Yoga- und Meditationspraktiken, durch

Sexualtechniken und exotisch–psychedelische Drogen werden Prozesse in Gang gesetzt, die beliebig und leicht einengend wirken. Und sie tun es in der Annahme, Zweck und Absicht jeder Initiation sei die Entwicklung psychischer Kräfte. Wenn aber verstandesorientierte Menschen des 21. Jahrhunderts urplötzlich ihrer instinktiven, unterbewussten Welt gegenüberstehen, erheben sich höchst vitale innere Kräfte und überschwemmen das Mittelhirn, den sogenannten limbischen Ring, mit grandiosen Visionen und wahrhaft orgiastischen Gefühlen. Bei kleinen Geistern führt dies zu einer gewaltigen Inflation ihrer Persönlichkeit und zu einem endlos anhaltenden Psychogeschwätz. Viele Menschen meinen nun, die scheinbare Einzigartigkeit ihrer Gefühle berechtige sie, Therapeut zu spielen oder selber Schüler einzuweihen. Solche Lehrer, solche Bewegungen enden nach einer kurzen, charismatischen Phase jedoch immer dort, wo sie begonnen haben: in der Dunkelheit des Unbewussten.

Gute Lehrer würden ihre Schüler, wie der Turm Psyche, darauf aufmerksam machen, dass dieses Stadium einer hohen, emotionalen Sensitivität zugleich eine Phase großer persönlicher Instabilität ist. Reflektiert wird dieser Zustand meistens durch ein ziemlich chaotisches Beziehungsleben, welches tiefe emotionale und karmische Verstrickungen mit sich bringt. Ohne es zunächst zu bemerken, wird man sehr schnell vom eigentlichen Ziel abkommen.

Gilgameschs Ich-Festigkeit wurde auf der langen Reise durch die Finsternis im Berge Mâschu, durch Steppen, Wüsten und auf den Gewässern des Todes im Ertragen von Durst, Hunger und Schmerz auf eine ebenso harte Probe gestellt wie jetzt Psyche durch das Verbot, keine Beziehung des Mitleids, der Barmherzigkeit zu den bedauernswerten Kreaturen herzustellen. Selbst als sie ihr Ziel erreichte und von der Göttin der Unterwelt zu Tische gebeten wurde, hatte sie die hochwillkommene gemeinsame Malzeit abzulehnen. Denn dadurch wäre eine intimere Bezogenheit zu Persephone enstanden, der sie ohne Zweifel verfallen wäre. Jede Göttin, jede archetypische Kraft gibt uns sowohl nährende wie auch vergiftete Impulse. Zu den wichtigsten Aufgaben der Suchenden gehörte es, zu lernen, diese Kräfte immer wieder zu unterscheiden. Diese Grenzlinien der Initiation legen eine Beschränkung fest, um uns von ihnen zu befreien. Wann immer Psyche in ihren Prüfungen an Grenzbereiche stieß, bedeutete es, dass sie dabei war, mehr zu werden, als sie vorher gewesen war. Solange sie unterwegs war, konnte sie die wirkliche Natur ihrer Prüfung nie erkennen. Erst an Grenzlinien zog sich die Zeit jeweils zu einem einzigen Raum im Bewusstsein zusammen. Dadurch erkannte sie, wie jetzt am Rande der Dunkelheit, in der Unterweltgöttin den Schatten von Venus. Erst dadurch war sie bereit, die geheimnisvolle Büchse mit der Schönheitssalbe entgegenzunehmen.

Von allem Druck befreit, eilte sie in einer nie zuvor gekannten Leichtigkeit des Seins durch die düsteren Gewölbe zurück. Erst als sie wieder unter dem Licht des Himmels stand, überkam sie der Gedanke, doch selbst ein bisschen von dieser Göttersalbe aufzutragen. Nicht um sich selber, wohl aber um Eros zu gefallen und damit seine Liebe zurückzugewinnen. Ein weiterer Wendepunkt im erzählerischen Geschehen: sie findet die Büchse vollkommen leer. Wie benommen fällt sie mitten auf dem Weg zu ihrem Ziel und versinkt in einen wahren Todesschlaf. Wie wir inzwischen gelernt haben, endet mythisches Geschehen niemals auf der wörtlichen Ebene, denn alle Bilder und Motive sind immer auch Analogien für das synchron verlaufende Geschehen des Transzendenten. In diesem letzten Bereich unserer Geschichte gibt es so viele feine, vielschichtige Ebenen zu entdecken, die dicht gedrängt und miteinander verbunden sind, dass man denken möchte, dieser Mythos sei gar von den Göttern selbst diktiert worden.

Obwohl man zunächst geneigt ist, das Öffnen der Büchse als Fehler, als eine Ungehorsamkeit, eine Anmaßung den Göttinnen gegenüber zu sehen, ist es tatsächlich ihre Rettung. Schon einmal schlug sie ja eine Warnung in den Wind, und wie sich heraustellen sollte, aus gutem Grund. Während sie damals ihre Sicherheit im Lustgarten den ausschliesslich körperlichen Freuden opferte, ist sie nun bereit, ihre mit viel Anstrengung und Leiden vollzogene geistige Entwicklung zugunsten ihrer Liebe zu Eros hinzugeben.

Außerdem hatte mit der Missachtung der ersten Warnung Psyches Initiation in ihre gegengeschlechtlichen Kräfte begonnen. In den ersten drei Prüfungen stiegen diese helfenden, männlichen Kräfte zuerst als schwacher Impuls aus ihrem Unbewussten herauf. Und indem es ihr gelang, eine bewusste Beziehung zu diesen Teilen ihrer selbst einzunehmen, förderte sie die Harmonisierung ihrer Persönlichkeit von innen heraus. Die Schwierigkeit dieses Prozesses besteht zum einen in der Unterscheidung, ob diese Impulse und Gedanken solche des Egos oder des gegengeschlechtlichen Anteils sind. Zum andern stellt sich die Herausforderung, eine dialogische Beziehung zu diesen Kräften aufzubauen. Was Psyche also half, waren nicht die Gedanken ihres bewussten Seelenanteils, sondern diejenigen ihrer männlichen Aspekte. Als sie das verstand, war es für sie nur ein kleiner Schritt, zu diesen anfänglich immer unbekannten Kräften eine Beziehung herzustellen und diese auch zu hegen. Zum Verständnis des Mythos wie auch Ihres persönlichen Lebens ist es von zentraler Bedeutung zu verstehen, dass wir zu diesen gegengeschlechtlichen Gestalten des Unbewussten nicht nur eine einmalige, sondern eine fortwährende Beziehung aufbauen müssen. Denn wir begegnen ihnen wie Psyche auf jeder Ebene unseres lebenslänglichen Entwicklungsprozesses.

Dabei ist es nicht so, dass diese Begegnungen von uns etwas Bestimmtes einfordern, das tut nur unser Ego. Aber sie zeigen uns Möglichkeiten und bieten uns Zeichen dafür, was wir jeweils tun könnten. Und sobald wir verstehen, akzeptieren und entsprechend handeln, entsteht die Verbindung: das Unbewusste wird zu unserem Verbündeten und Führer zur Ganzheit. Bei Verneinung, Ablehnung und Ignoranz wenden sich diese Kräfte letztlich gegen uns. Die Brücke zu unserer Seele bleibt dann unvollendet, während der Strom der Zeit vorüberfließt und uns als enttäuschte Einzelgänger zurücklässt.

Dagegen steht der Mysterienweg der Liebe, welcher Psyche durch das Spektrum ihrer männlichen Kräfte, durch die Elemente der Natur und von der kausalen auf die astrale Ebene führt. Hier gelangt Psyche durch Missachtung der zweiten Warnung in den feinstofflichen Bereich der spirituellen Intelligenzen. Diese zweite, aber in Unschuld gefasste Missachtung gibt dem Mythos eine letzte und geniale Wendung hin zur Vollkommenheit, zur Vereinigung der vier Elemente. Die anderen drei Elemente, Erde, Wasser und Luft, symbolisiert in den hilfreichen Kräften der Ameisen, des Schilfes und des Adlers, halfen zur Bewusstwerdung und Umsetzung ihrer männlichen Anteile. Der letzte Schritt zu ihrer Vollendung konnte aber nicht darin bestehen, ihre Heldenreise weiterzuführen, denn dadurch hätte sie nur ihre männliche Geistseite überentwickelt. Sie wäre nie ins letzte Element, ins Feuer der Seele, in die Vervollkommnung ihrer Weiblichkeit gelangt. Dieser grandiose Akt von Psyches Hingabe an die Liebe ermöglicht uns auch stille, zärtliche Ahnungen des unfasslichen Aufleuchtens der Transzendenz. Als die Seele Psyches sich in einem weiblichen Körper einwohnte, blieb ihr männliches Gegenstück trauernd im transzendenten Bereich zurück. Die Seele bleibt deshalb immer mit etwas verbunden, das nicht von dieser Welt ist und kann sich dadurch auch nie abschließend in einem Menschen einwohnen.

Immer bleibt ein Anteil zurück. Und diesem gehört – jenseits aller weltlichen Illusionen – unsere zutiefst menschliche Sehnsucht.

Diese nicht weiter psychologische, sondern metaphysische Erinnerung ließ Psyche, nachdem sie wieder ins Zwischenreich der Erde, unserem einzigen Ort der Verwirklichung, gelangte, die Brücke öffnen. Sie ist heute deshalb offen, weil der Mythos, aus dem die Erzählung von Eros und Psyche spricht, auch heute uneingelöst ist. Unsere Sehnsucht nach der Schönheit der göttlichen Liebe verwandelt sich zu Wegweisern des Bewusstseins, und auf diesem Pfad überschreitet auch Psyche alle Projektionen und Denkformen des menschlichen wie göttlichen *Egos*, bis sich Bewusstes und Unbewusstes, Menschliches und Göttliches zur Hochzeit im Himmel in einem ewigen Tanz der Schöpfung vermählen können.

3. Kapitel

ERINNERTE LANDSCHAFTEN DER ZUKUNFT

Welche Stufen der Erfahrung uns nützlich sind, um den Zusammenhang zwischen Eros, Seele und Kreativität zu erkennen und warum

Unvermittelt, ohne jedes Beiwerk, zeigt uns der Initiationsweg Psyches, was den Kern aller großen Überlieferungen ausmacht: Sehnsucht, Suche und Vereinigung mit dem Seelengeliebten. Das Verhältnis zum Göttlichen ist ein Verhältnis zum anderen, unerwartet, geschenkt, aus dem Verborgenen hervortretend. Doch es ist mit einer Aufgabe verbunden, die es zu lösen und zu erfüllen gilt. Indem Psyche all die Mühen des Denkens, des Kämpfens und der spirituellen Selbsterziehung auf sich nahm, erlangte sie weit mehr als die Würde eines selbstverantwortlichen Menschen, der nur von seiner Zeit, Kultur und Religion bedingt bleibt. Sie erlangte Unsterblichkeit durch das Beispiel der Seele. Im Gilgamesch-Epos werden wir später sehen, dass das Gesetz des Lebens es nicht zulässt, Unsterblichkeit durch ein magisches Gewächs zu erwerben. Diese ist nur im Herzen des Menschen zu finden, als Erkenntnis einer notwendigen Wandlung und im Überwinden der eigenen Unvollkommenheit.

Unsterblichkeit in diesem Sinne ist das letzte Geschenk der unverhüllten Liebe: Wer bereit ist alles hinzugeben, geht auf den Geliebten zu. Und auf sich selbst.

Außerdem zeigt uns die mythopoetische Lebensgeschichte Psyches, dass die Entdeckung der Seele stets die

Entdeckung dessen ist, was eigene, wahre Natur ausmacht. Damit sagt der Mythos, die Seele der Frau ist ihre Lebenskraft, ihre Quelle von Wohlbefinden und Liebe. Und das wiederum bedeutet für den Mann, dass die Seele für ihn oft etwas anderes ist als er selbst. Er ist der Seele nicht auf eine so subjektive Weise verbunden wie Psyche, und deshalb helfen ihm seine Tugenden des objektiven Wissens und der unpersönlichen Ziele auf der Suche nach seiner Identität nur bedingt. Er kommt deshalb nicht darum herum, sich seiner Seele von innen her zuzuwenden, wenn er sich finden will.

Kommt hinzu, dass der moderne Mensch aus Abscheu vor religiösem Fundamentalismus die spirituelle Neugier eingebüßt hat und so immer unempfindlicher für Impulse geworden ist, wenn sie sich aus seinem Inneren melden. Nur, je mehr er sich diesem Geheimen verschließt, desto mehr verzichtet er auf seine Berufung. Stattdessen investiert er all seine Kräfte in einen trendigen Beruf, wo er in High-Tech-Büros mit allerlei wichtigen Leuten selbst wichtige Entscheidungen fällt, um dadurch seine Macht stetig auszubauen. Und es scheint, je stärker er die Veränderungen der äußeren Welt mitbestimmt und gestaltet, desto stärker wird er innerlich zum Opfer seiner Furcht erregenden Ängste und eigenen sexuellen Fantasien.

Während der Intellekt hoch entwickelt und mit einem unvergleichlichen Detailwissen ausgestattet wird, geht die Sicht auf den Zusammenhang des Lebens zusehends verloren. Jetzt erst, am Rande einer geistigen und seelischen Erschöpfung angelangt, beginnen immer mehr Männer und auch Frauen, die eine Karriere und so genannte männlich orientierte Ziele verfolgen, ihr Leiden im Verlust der Seele wahrzunehmen.

Was ist zu tun? Wie finden wir Zugang zu den sensiblen Themen unseres Lebens: Angst, Schuldbewusstsein, zwischenmenschliche Beziehungen, Welt- und Selbstbild, Leben und Tod? Ein erster, vor allem für Männer schwieriger Schritt besteht darin, sich selbst nicht als ausschließlich männlich oder weiblich zu sehen. In Psyches Initiationserfahrungen können wir vier grundlegende Energiemuster erkennen, die wir, Männer wie Frauen, alle in uns tragen. Das erste dieser Energiemuster wirkt durch unsere Vergangenheit als Energie unseres inneren Kindes. Für die Frau ist es der Aspekt in ihr, der das kleine Mädchen darstellt. Für den Mann ist es der kleine Junge in ihm. Die Energie des inneren Kindes ist tief, archaisch, zugleich aber auch unreif und zerbrechlich. In ihr finden wir den Quell unserer Neugier und all unsere Impulse, die ins Unbekannte drängen. Das innere Kind hält das Staunen über innere und äußere Welten lebendig, stimuliert und inspiriert Geist und Gefühle und ebnet uns dadurch den Weg des Aufbruchs in neue Tage.

Gleichzeitig wissen wir aus eigener Erfahrung, wie gern und schnell Kinder sich in den Mittelpunkt stellen und wie hilflos und verletzlich sie darin werden können. Fühlen wir uns ein in die Ebene, auf der wir als Kind gestanden haben: Wie die verschiedensten Informationen aufgenommen wurden, die uns gegeben wurden. Wie wir gelernt haben, wie man sich benehmen muss, was real und illusorisch ist. Was haben diese ersten Möglichkeiten der Entfremdung aus uns Menschen gemacht?

Sollten Sie die Energien des inneren Kindes kaum mehr fühlen, müssen Sie die Frage zulassen, auf welche Weise dieses innere Feuer zu Asche werden konnte? Zumeist ist dies mit der Erinnerung an Verletzungen verbunden, die uns als Kind zugefügt wurden. Verletzungen, welche unsere Selbstachtung, unser Gefühl für die eigene Würde, unsere Kraft der Begeisterung, unser Gefühl für die Schönheit des eigenen Körpers herabwürdigten oder sogar aushöhlten. Im späteren Leben auftauchende Depressionen oder Gefühle der Überheblichkeit haben in solchen schmerzhaften Verletzungen ihre Ursache. Neues Leben – genauso wie im Erwachsenendasein –, neue Lebensphasen sind immer gefährdete, zerbrechliche Phasen. Und alle auf dieser Ebene ungelösten Probleme prägen unsere Emotionen und haben so die Kraft, den Aspekt in uns zu beeinflussen, der die Gegenwart und Energie einer gereiften, aber noch nicht vollendeten Männlichkeit oder Weiblichkeit ausmacht. Hier angekommen zu sein bedeutet, dass wir uns in unserem Bewusstsein nicht in Ereignissen und Gefühlen einer vergangenen Kindheit bewegen, sondern ganz in der Gegenwart. Hier schaffen wir durch unsere Intelligenz und Gedankenformen, durch Ideen, Meinungen und Glaubenssysteme unsere tägliche Realität.

So wie einst Gott durch das heilige Wort den Menschen ihr Sein zugewiesen hat, gestalten und definieren wir heute durch Worte unsere Wirklichkeit. Und so wie einst die Welt aus der anfänglichen Formlosigkeit Gestalt annahm, nehmen auch unsere Gedanken durch die Entwicklung vom Kind zum Erwachsenen die Eigenschaften der Geordnetheit, des rationalen Gestaltgebens, der Integration und Integrität an.

Dieser lange, komplexe Weg zur Festigung und Zentrierung der Ich-Struktur unserer Persönlichkeit wird durch die Energie unseres inneren Helden angetrieben. Als Heranwachsender spüren wir diese Energie, sobald wir beginnen uns darüber klarzuwerden, wer wir sind, womit wir uns identifizieren sollten, wozu wir berufen sein könnten und welche Entscheidungen dazu notwendig sind. All das drängt uns wiederum in neue Beziehungen, Denkstrukturen, Wertsysteme hinein. Je klarer unser Weg wird, desto mehr beginnen wir für immer höhere Ziele zu kämpfen. Wir beginnen zu siegen und zu verlieren. Helden kennen weder Grenzen, noch sind sie fähig, solche anzunehmen. Sie glauben an ihre Unverwundbarkeit und verdrängen damit auch die letzte Grenze ihres Lebens: den Tod. So hilfreich die Energien des Helden, der Heldin für den Reifeprozess, für die Festlegung von anfänglichen Zielen sein mögen, so lähmen oder verhindern sie doch die Vollendung der Reifung moderner Frauen und Männer. Der ewige Held ist nur *Sieger* und verliert sich damit selbst. Eben deshalb ist es für Sie wichtig und förderlich, immer wieder von Neuem zu erforschen, welche Beziehung der Aspekt des Kindes zum Aspekt des Erwachsenen in Ihnen hat. Alle möglichen ungelösten Probleme aus der Kindheit haben einen sehr großen Einfluss, wie sie als Erwachsener denken und fühlen, welche Art von Beziehungen Sie eingehen, welche Arbeit Sie aussuchen und welchen Lebensstil Sie wählen. Beginnen Sie aus dieser Einsicht heraus Ihren inneren Dialog zu untersuchen. Stellen Sie immer wieder fest, welche Bedürfnisse sich melden und wie Sie mit den frischen, unschuldigen, schöpferischen Energien Ihres inneren Kindes umgehen.

Dritte Übung:

Tanzen auf der Schwelle zum Anderen. Einladung zu einer Meditation

Im Psyche-Mythos haben wir gesehen, dass dort die Welt nicht nur von einem Mittelpunkt aus strahlt, sondern in vier Elemente, in vier Aspekte geteilt ist. Und so wollen auch wir in diesem Kapitel Wissen und Rituale nicht in einer linearkausalen Logik ausbreiten, sondern die Methode des mythischen Kreistanzes benutzen. Will heißen, die einzelnen Aspekte eines Gedankenganges werden kreisförmig aufgezeichnet. Wir benennen dazu die verschiedenen Plätze nach den vier Haupt- und später auch nach den vier Nebenhimmelsrichtungen. In unserem Kreis haben wir bisher die Substanzachse des eigenen Geschlechts, die verletzten Kind- und Erwachsenenteile im Süden und im Norden angesehen. Wenden wir uns jetzt der West-Ost-Achse zu, dem unverletzten gegengeschlechtlichen Erwachsenen-Kind-Geistteil.

Im Westen haben wir jene Energie, die jeder Mensch als gegengeschlechtliche Kraft in sich trägt und die eine der Brücken zu unserer Seele darstellt. So wie Psyche ihren Animus erst durch die Projektion auf Eros kennenlernte, so zeigt sich auch beim Mann seine gegengeschlechtliche Kraft, Anima, am ausgeprägtesten in seinen sexuell-erotischen Fantasien. Männer projizieren diese Fantasien oft und vorzugsweise auf junge, unbekannte Frauen. Wenn diese Bilder jedoch nicht auch als seelische Kräfte, als Gestalten der inneren Welt erkannt werden, werden diese Energien weiterhin auf junge Frauen fixiert. So wird der Mann banal und verhindert bei sich jede weitere psychologische und spirituelle Entwicklung.

Während Anima den Mann dazu führt, sich seiner weiblichen, affektiven Seite bewusst zu werden, bringt Animus die Frau in Kontakt mit ihren männlichen, geistig-intellektuellen Kräften. Die große Arbeit beginnt in der mythischen Erzählung aber erst im Moment der Bewusstwerdung dieser Energien: mit ihrer Differenzierung innerhalb unserer Persönlichkeit. Für den Mann ist es zunächst wichtig zu erkennen, dass seine Launen nicht von seiner Partnerin, sondern durch seine eigene Anima kommen, während die Gefühle tatsächlich aus ihm hervorgehen. Um sich von Launen zu befreien, muss er nicht für oder gegen etwas kämpfen, sondern bewusste Nähe zu seinen Gefühlen herstellen.

Sobald ein Mann eine Beziehung zu seiner Anima aufnimmt, trifft er wie Psyche auf den seltsamen Umstand, wie sich anfänglich negative, für unüberwindbar gehaltene Zustände auf wundersame Weise zu verändern beginnen. Während dem Mann negative Anima-Kräfte zeigen, dass er sich seiner weiblichen Seite noch gar nicht bewusst ist, machen auf der anderen Seite Animus-Aspekte die Frau darauf aufmerksam, dass sie ihre männlichen Kräfte nicht anerkennt.

Aufeinander einzugehen und auf den anderen Partner zu hören, was für ihn wirklich wichtig ist, ist also letztlich im Tiefsten die eigene Chance zur Veränderung der Dinge. Und wenn uns das gelingt, beginnen wir auf einmal zu verstehen und auf das zu hören, was ungesagt bleibt, was nicht gesagt werden kann. Indem wir dem, was wir hören und was wir *empfinden, Beachtung schenken, geben wir unserem Partner seine Ganzheit, währenddessen er Ganzheit von uns empfängt. Der Schlüssel zu diesem archetypischen Geschehen des Unbewussten heißt Bezogenheit. Sobald unser Bewusstsein mit diesen gegengeschlechtlichen Kräften eine Verbindung aufnimmt, zeigen sich die positiven Aspekte in kreativen Energien und in einem Bewusstsein, das beschwingt und beschwingend über die gespaltene Welt von Körper und Geist auf tiefer liegende Energiemuster von Lebendigkeit und Leidenschaft zurückgreifen kann.*

Schlussendlich kommen wir in den Osten, wo wir die Energie des verzauberten Kindes kennenlernen. Für Frauen ist es der kleine Junge in ihnen, für Männer das kleine Mädchen. Diesen Aspekt in sich zu entdecken, bedeutet eine große Erleichterung, ein Wunder der Schönheit und eine Quelle der reinen Freude. Für Frauen ist hier der Platz des ungezähmten kleinen Jungen, für den möglich wird, was zuvor verschlossen schien. Es ist der Aspekt in ihr, der nie verletzt wurde, der keine Leidensmiene kennt, der bereit ist, aus reiner Freude etwas zu riskieren.

Und für Männer ist es der Ort des kleinen Mädchens, das geliebt wird, einfach weil es da ist. Es gibt nichts zu tun, nichts zu verlieren, kein groß oder klein, gut oder böse. Man ist einfach da und wird geliebt.

Verbinden wir Ost und West unseres Kreises, dann richtet unsere Psyche ihre Aufmerksamkeit auf die sinnliche Erfahrung der Farben, Formen, Klänge, der Gerüche und Tastempfindungen, auf Spiel und Schauspiel einer beseelten Körperlichkeit. Diese Sensivität gegenüber allen inneren und äußeren Aspekten des Lebens wurzelt in unseren Empfindungen, und deshalb fühlen wir uns hier auf geheimnisvolle Weise in Verbundenheit und Harmonie mit unseren inneren Kräften und äußeren Beziehungen.

Dieses Wissen über die grundlegenden Energien unserer Persönlichkeit nützt uns allerdings nicht viel, wenn wir damit nicht arbeiten. Wir erreichen außerordentliche Kräfte nur dank innerer Sammlung, durch Rituale in der Einsamkeit, durch die Lauterkeit der Zeremonien und in direktem Kontakt mit der Natur. Als Einstieg ist eine einfache Baumzeremonie geeignet, um mit diesen Aspekten unseres Selbst wirkungsvoll zu kommunizieren. Der Baum ist ein Symbol, das sich in allen Kulturen findet, und zugleich sind Bäume heute angesichts der ökologischen Schwierigkeiten weltweit ein Zeichen der Bewährung und Rückbesinnung geworden. Der Baum verbindet Himmel und Erde, Geist und Körper, und er ist für den Austausch vielerlei chemischer Umwandlungen verantwortlich. Ganzheitliches Handeln ist immer spirituelles und ökologisches Handeln zugleich.

Bei der nächsten Wanderung suchen Sie einen Baum auf, legen die vier Himmelsrichtungen fest und setzen sich dann in Richtung Süden zum Baum. Durch ruhiges, regelmäßiges Atmen machen Sie sich als erstes innerlich leer, um auf Antworten horchen zu können. Im Süden fragen Sie nach den Bedürfnissen des inneren Kindes. Im Norden nach den Bedürfnissen Ihres Erwachsenen-Bewusstseins. Im Westen nach dem, was sich als gegengeschlechtliche Kraft in Ihnen manifestieren könnte. Im Osten nach dem Verlangen und den Wünschen Ihres ebenfalls gegengeschlechtlichen unverletzten Kind-Aspektes.

Halten Sie diese Reihenfolge ein und setzten Sie sich so, dass Sie der jeweiligen Himmelsrichtung zugewandt sind. Dadurch wird Ihnen bewusst, was sich im gesamten Kreis, in allen vier Aspekten als Hindernis zu einer Verwirklichung erweist. Ob dies nun falsches Rollenverständnis, blockierte Gefühle oder vergangene Verletzungen sind, diese Zeremonie bringt Sie auf eine gelassene Weise mit der Natur und sich selbst wieder in Einklang. Vorteilhaft wirkt es sich aus, wenn Sie diese Zeremonie zu jeder Jahreszeit einmal durchführen, weil Sie die Veränderungen in Ihnen selbst wie in der Natur ins Bewusstsein steigen lassen. Um das Verständnis dieser vier Energien noch zusätzlich zu vertiefen, können Sie sich, am Ende dieses Reflexionskreises angelangt, folgende Fragen stellen:

- *Welche der vier Energien kenne ich und welche sind mir kaum vertraut?*
- *Welche der Energien verlangt am meisten meine Aufmerksamkeit?*
- *Welche Energie ist am wichtigsten für das, was ich im Moment in meinem Leben verwirklichen möchte?*

Sie sollten sich hier ein deutliches Bild dieser Energien verschaffen, um herauszufinden, was es wirklich zu tun gibt.

Durch diese Baummeditation verlieren Sie die Angst, im geistlosen Raum der Selbstsuggestion zu landen. Denn was Sie im Kleinen, Einzelnen tun, ist das entsprechende Spiegelbild des Ganzen. Hier liegt der Quell, aus dem sich eine ganzheitliche Lebensweise nähren und durch den sie wachsen kann. Außerdem werden Sie mit dieser Zeremonie die Erfahrung machen, dass Ego und Seele aufhören unversöhnliche Gegensätze zu sein. In der Stille der Natur, im heiligen Raum, den Sie selbst kreieren, beginnt zwischen Ihrer Persönlichkeit und der Seele eine feine, sich gegenseitig fördernde Wechselbeziehung zu wachsen, welche Ihnen Wege und Perspektiven ausleuchtet. Durch diese Partnerschaft können Ich und Seele wieder fühlen, dass sie nicht allein sind, sondern Teile eines potentiell wundersamen Ganzen auf einer äußerst spannenden Lebensreise.

Zeremonien und Rituale waren seit jeher die eigentlichen Königswege zur Seele. Warum das so ist, können wir nur ahnen; es dürfte mit dem ältesten Wissen der Menschheit zusammenhängen. Viele Stammesrituale, die der kollektiven Erneuerung dienten, waren Wiederholungen des Schöpfungsaktes. Später entwickelten sich die Rituale zu Nachahmungen eines archetypischen Aktes. Das Ziel blieb gleich, ging es doch bei diesen Zeremonien – so verschieden sie kulturell bedingt waren – immer darum, den mythischen Augenblick, in dem sich die Schöpfung zum ersten Mal ereignete oder der entsprechende archetypische Aspekt auftauchte, zu reaktivieren. Und das bedeutete die Aufhebung der profanen Zeit, um so einen Moment der Ewigkeit, der Mitte zu erleben.

Eine solche Erneuerung setzt das voraus, was wir zuallererst verdrängen, nämlich die Bereitschaft zu vergehen. Jedes Ritual verlangt die Erinnerung des Todes als Voraussetzung zur Auferstehung von neuem Leben. Nur so hat ein jeweiliger Neubeginn die Qualität des absoluten Anfangs, die Fülle der Gegenwart, die noch keine Menschenerzählung ist. Die Evozierung der entscheidenden

Kraft von Vertrauen und Unschuld im Ritual war Hilfe, erfolgreich am Aufbau eines neues Lebensabschnittes, also einer neuen Zeit, mitzuwirken.

Ein anderer Aspekt der Zeremonien ist der Versuch, in Übereinstimmung mit Archetypen zu leben, um sie als Wirklichkeit zu erfahren. Aber – dies ist entscheidend – viele Archetypen ändern oder vermehren sich ständig, ohne dass die primordialen Kräfte, wie Tag und Nacht, Mondphasen, vier Jahreszeiten und Sonnenwendzeiten dabei ihre Kraft verlieren würden. Unsere Gegenwart ist indessen nicht durch zyklisches Leben bestimmt, sondern reagiert auf die Erfordernisse des Alltags, der Geschichte. Damit ergibt sich die Frage, wie sich gesellschaftliches Bewusstsein und zyklische Entwicklung zueinander stellten.

In unserem jüdisch-christlichen Kulturkreis waren es die Propheten, welche die jeweiligen gesellschaftlichen Entwicklungen beobachteten und sie im Licht transzendentaler Durchbrüche, aus der die Stimme Gottes in der menschlichen Geschichte vernehmbar wurde, bemaßen. Wo sich das Kollektiv vom wahren Gott entfernte, wo sich Menschen nicht mehr seines in der Geschichte offenbarten Rufes erinnerten, kündeten die Propheten von der Aussicht, dass es zur Katastrophe kommen würde. Im Judentum sucht Gott den Menschen, und wenn der Mensch nicht mehr nach ihm zu fragen bereit war, drohte die Vollendung der Schöpfung ihre Bestimmung zu verlieren. In diesem Verständnis von Geschichte stand das Schicksal des Menschen und des Kollektivs, dem er gesellschaftlich zugehörte, stets in einem Bezug zum göttlichen Willen, der in die Zukunft gerichtet war.

Dadurch aber wurde die stetige Wiederholung eines bestimmten Rituals nicht an die Natur, sondern an die Verwirklichung von Zukunft gebunden. Die zyklische Lebensauffassung von Schöpfung, Erschöpfung und Zerstörung und von der jährlichen Wiedererschaffung des Kosmos wurde zugunsten einer messianischen Vorstellung abgelöst, in der die Vollendung der Schöpfung in die Sphäre des menschlichen Tuns verlegt schien.

Heute ist uns bewusst, dass wir uns der Verantwortung der Geschichte nicht entziehen können. Wir können das Unumstößliche der geschichtlichen Ereignisse nicht in der falschen Hoffnung kompensieren, dass diese eines nicht allzu fernen Tages nicht mehr stattfinden. Der Zulauf zu apokalyptischen Sekten aller Art beweist, dass individuell immer wieder der Versuch unternommen wird, sich der Geschichte zu entziehen. Doch hier gibt es kein Entrinnen – es sei denn, wir hörten auf, uns als Teil der Geschichte zu verstehen. Gewiss, einfach ist nichts; unsere Kreativität wird nur als solche erkannt, wenn sie auch geschichtlich ist, will heissen, wenn sie dem Fortschreiten dient. Sich selbst der Geschichte zu entheben, bedeutet geistige Kümmerlichkeit und Rückkehr in eine archaische Kultur.

Wenn wir also für Zeremonien und Rituale plädieren, so tun wir es im Bewusstsein, uns der Geschichte nicht zu entziehen, sondern uns vom Diktat einer nicht hinterfragten Konstellation in der Geschichte zu befreien. Im Gegensatz zur Natur, die sich nur selbst wiederholt – jeder neue Frühling ist immer derselbe Frühling und damit eine Wiederholung der Schöpfung –, suchen wir die eigene Geschichte auf, um den eigenen Schatten darin abzubauen. Durch die Ökologie sind die Zyklentheorien zwar wieder sehr aktuell geworden, doch soll uns das nicht verleiten zu denken, wir könnten ins Paradies der Archetypen zurückkehren.

Die Gottesidee, welche zentral hinter der Geschichte steht, lässt sich nicht durch irgendeinen Kult ersetzen, obwohl solches die persönlichen Bedürfnisse nach spiritueller Vergewisserung manches Mal schneller befriedigen würde.

Zeremonien müssen deshalb zeitgemäße, reflektierende Inhalte und Formen haben, die mit unserer Persönlichkeit, unserer Zeit und unserem gesellschaftlichen Bewusstsein korrespondieren.

Dies zu finden ist die lohnende Aufgabe, stellt es doch auch Brücken zwischen dem mystischen und modernen Menschen dar. Darüber hinaus kann ein solches Zeremonienverständnis neue Formen des Zusammenlebens des Menschen mit der Schöpfung anstreben. Die historische Perspektive endet nicht notwendigerweise in der Apokalypse, aber auch nicht in der ewigen Wiederkehr. Zeremonien bilden ein Hilfsmittel, in dem wir uns nicht in unterschiedlicher Stärke, wohl aber in gemeinsamer Schwäche neu finden und definieren können. Sie weisen nach vorn und suchen die Chance in der Bezogenheit von Gegensätzen des Ganzen auf. Damit bilden sie nicht eine atavistische Regression, sondern eine kreative Balance.

Interessant und paradox zugleich ist aber auch der Umstand, dass ausgerechnet jetzt, da die gesamte Zivilisation, nach schier endlosen Stammes- und Weltkriegen, erstmals auf ein ganzheitliches Weltbürgertum zusteuert,

Zeremonien und Rituale der Verwandlung in Vergessenheit geraten sind. Gerade jetzt, wo unsere geschundene, ausgebeutete Erde mehr denn je die nährenden Energien gereifter Frauen und Männer brauchen könnte, bleibt uns jede Kräftigung durch dialogisierende Rituale der Erneuerung versagt. Doch da erinnerte sich mein gelehrter jüdischer Freund an eine chassidische Geschichte aus dem Weisheitsschatz seiner Kultur. Jedes Jahr, an einem genau festgelegten Tag, führte der Rabbi seine Gemeinde zu einem alles überragenden Baum in einen dem Dorfe nahe liegenden Wald.

Durch Fasten und innere Sammlung bereiteten sich die Menschen entsprechend vor, denn sie wussten, der kleine Wald mit seinem Lebensbaum war heiliger Raum der Erinnerung und Erneuerung. Und so zelebrierte die Gemeinde die Elemente des Rituals feinfühlig und mit der Ergriffenheit des Heilungsaktes, wodurch viele neue Energien bei Männern und Frauen in Bewegung gerieten, die sich im Dorfleben später segensreich auswirkten.

Doch auf einmal tauchten Gerüchte auf, zuwiderlaufende Gerüchte, Geflüster um Überfälle auf nicht allzuweit entfernte Dörfer. Vorzeichen am Himmel, dann die ersten Zeichen auf den Wegen, die zum Dorf führten. Die ersten Bedürftigen fanden sich ein, gefolgt von Andersdenkenden und es ging nicht lange, da brach das Unglück herein und trieb auseinander, was sich über Generationen zusammengefügt hatte. Viele starben in diesen unseligen Pogromen und das Ritual geriet in Vergessenheit. Die Gemeinschaft war nun im Exil und die Überlebenden sammelten sich allmählich, doch zerstreut in verschiedenen Orten und Winkeln dieser Erde.

Wie sollte man sich der Rituale, der Gebete, des Zusammenhangs entsinnen, wenn so vieles entrissen und zerbrochen war?

Eine Weise jedoch wusste die Überlieferung in die Einsicht zu fassen, die auch uns deutlich macht, dass der Raum der Erinnerung von Neuem individuelle Möglichkeiten freigibt, die der Gemeinschaft dienen könnten. In den Worten der Erzählung: Erst wussten wir um das Feuer, kannten den Ort, berührten den Baum, gestalteten die Zeremonien, sprachen die heiligen Worte. Als wir das Feuer aber nicht mehr entfachten konnten, genügte es, den Ort zu kennen. Als wir aus dem Ort vertrieben wurden, genügte es, den Baum zu suchen. Als der Baum uns weggefällt wurde, genügte es, die Zeremonien zu wiederholen. Als die Zeremonien verloren gingen, weil wir flüchten mussten, blieben die heiligen Worte. Und wenn die Worte vergessen gehen, so wird uns die Erinnerung genügen.

Wir leben heute in einem Zeitalter der Erinnerung. Hier gilt es, den Faden aufzunehmen und von Neuem und im Kleinen, bei uns selbst, in Anfängen zu denken. Anfänge, in denen das einst erzwungene *Vergessen* wiederum als Versprechen gesehen wird. Dass das Ritual in Vergessenheit geriet, ist angesichts der Verwirrung und der Wunden, die Aufruhr und Mord bereiteten, zu verstehen. Aus der Asche mag vielleicht ein Funken menschlicher Hoffnung aufleuchten. Unsere Aufgabe ist es, danach zu suchen.

Wenn wir diese jüdische Geschichte uns heute vor Augen halten, scheint es beinahe zwingend, dass die

Hinwendung zu unserem inneren, seelischen Leben zu einer individuellen Angelegenheit geworden ist. Zivilisationsgeschichtlich betrachtet befinden wir uns in einer schwierigen Mitte zwischen den vielschichtigen und so reichen Wegen der alten Überlieferungen und den uneingelösten Versprechen eines modernen Zeitalters. Jeder Mensch, der in seiner Zeit bewusst lebt, kann die manchmal bis zum Zerreißen gesteigerte Spannung fühlen. Es liegt an jedem Einzelnen, wie er sich auf Gegenwart und Zukunft einlassen will.

Vierte Übung:

Der Baum der Erkenntnis. Eine zeremonielle Reise zu sich selbst

Die Baumzeremonie ist ein erster Schritt auf einem Weg, um die Neigung überwinden zu können, uns selbst als nur ausschließlich männlich oder weiblich zu betrachten. Ein nächster Schritt besteht in der Erkenntnis und Erfahrung, dass unser bewusstes Leben auf einer unendlich viel größeren inneren Welt ruht, von der wir im allgemeinen nicht allzu viel wissen. So wollen wir uns einem Ritual zuwenden, das auf unsere gegenwärtige Situation zugeschnitten ist und uns mit acht inneren Energieelementen vertraut macht, welche uns als Horizont dienen werden, um unsere individuellen Entdeckungen zum Ausdruck zu bringen.

Wiederum benutzen wir die Methode des Kreistanzes, um sowohl die Inhalte zu klären als auch das Ritual durchzuführen.

Der Kreis ist nach acht Orten entlang der Kreislinie strukturiert. Sie sind Plätze, von denen aus wir gespiegelt werden. Diese hellen, blanken Spiegel zeigen uns jeweils die Potenziale unseres Seins, die Realitäten unserer Entwicklung. Anzumerken ist aber, dass der Kreis auch dunkle, trübe Spiegel enthält. Sie zeigen die unentdeckten Potenziale, die verschütteten Seiten unserer Existenz, die Behinderungen in unserer Geschichte. Es ist also bedeutsam, dass jeder Spiegel stets zwei Gegenseiten in sich enthält. Die Spiegel lassen sich in die Kategorien des emotionalen, mentalen, körperlichen und spirituellen Erlebens unterteilen, wobei sich der Bereich des Körpers stets auf die Gesundheit und Sexualität bezieht, während der Bereich der Spiritualität auf den eigenen Versuch, den Sinn des Lebens zu begreifen, gerichtet ist. Das Emotionale betrifft die innersubjektiven Gefühle bei der Erfahrung der Symbole und das Mentale bezieht sich auf die eigene Philosophie, die Religion und die Glaubenssysteme.

Um sich nun angemessen auf die rituelle Reise durch acht innere Kräfte einzustimmen, stellen Sie sich vor, wie Sie Ihr Dorf, Ihre Stadt hinter sich lassen und wie Sie weltliche Gedanken auf dem Weg in den dunklen, stillen Wald ablegen. Vor Ihrem geistigen Auge strahlt die tief liegende Sonne golden in die warmen braunen, roten und grünen Farben des Sie feierlich einladenden Waldes. Sie riechen den Duft von Blumen, Nadelbäumen, von feuchtem Moos. Achtsam gehen Sie des Weges, betrachten Gräser, Farne, Sträucher; sehen kleine Höhlen, Schmetterlinge, Vögel, Bienen und Hummeln. Sie beginnen sich richtig wohl zu fühlen, atmen die feinkörnige Luft ein und öffnen alle Sinne: Ohren, Augen, Nase, die Zellen ihrer Haut. Und während Sie spüren, wie die Natur sich freut, ihre Schönheit vor Ihnen auszubreiten, geraten Sie in eine kleine Waldlichtung, die von uralten Bäumen umgeben ist, was ihre Einbildungskraft augenblicklich zu nähren beginnt. Der Wind hat sich gelegt und ein stiller, warmer Abend hüllt Sie in die Geborgenheit der Natur ein. Und bevor die Sonne letzte Strahlen durch den nebellosen Wald schickt, legen Sie acht charaktervolle Steine zu einem Kreismandala aus und bereiten sich auf die Nacht, auf die Zeit des Hörens vor.

Sobald der Mond beginnt, den Fichtennadeln einen silbrigen Glanz zu verleihen, setzen Sie sich in den Süden, zum Stein des Mythos, und erzählen sich Ihre entscheidenden Lebensgeschichten. Wohlverstanden, nicht Ihre Biographie; es geht hier nicht darum, was, sondern wer Sie sind; wie Sie es wurden und wohin Sie nun wollen. Also müssen Sie Ihre Erinnerung so heraufkommen lassen, dass sie zu einer Folge von Geschichten über Ihre Vergangenheit wird. Obwohl wir vor gut tausend Jahren das mythologische Denken aufgegeben haben und unser innerer Himmel zusammenbrach, werden unsere Verhaltensweisen nach wie vor von abgespaltenen, mythischen Restbeständen bestimmt. Zu Beginn einer jeder Lebenssituation in Familie, Schule, in Gemeinschaften von Freunden, Studien- oder Arbeitskollegen sind wir nach wie vor in der Lage, Informationen aufnehmen zu können, ohne aber ihren Wert, ihre Bedeutung zu kennen. Diese frühen Informationen speichern wir überwiegend unbewusst oder lagern sie im Unbewussten ab und dies wird dann zur Basis für einen vielschichtigen persönlichen Mythos, dessen Gehalt man irgendwann in seinem Leben in Wirklichkeit übersetzt. Der von Gilgamesch initiierte Helden- und Kriegermythos bestimmt – wie wir noch sehen werden – seit Jahrhunderten unsere Geschichte, Wissenschaft und Politik, unsere Religion und Psychologie sowie unsere Beziehungen. Und heute, wo jeder ein mehr oder weniger selbstbewusstes Ich zu Markte trägt, wurde die Heldenreise zu einem alltäglichen, jedermann zugänglichen, doch oft flachen Abenteuer. So brechen wir auf, lassen alle alten Grenzen und Gesetze hinter uns, erreichen unter Umständen eine großartige berufliche Position, aber wissen am Ende nicht, wohin wir heimkehren können, wo wir den Frieden des Ankommens finden können. Diese Tragik des unerlösten Daseins, beklemmend beschrieben in Kafkas Werken, entsteht aus der Annahme, dass wir, erst einmal in der richtigen Position, zugleich auch Reife und Fülle erlangen. Die Heldenreise wird zum Ziel unseres Lebens statt zu einem Prozess in der Tiefe unseres Daseins.

Weil Mythen heute nicht mehr bewusst in gemeinsam verbundener Existenz, sondern unbewusst unser individuelles Leben mitbestimmen, ist es außerordentlich wichtig, diese Restbestände zu ergründen. Denn hier finden Sie nicht nur die Geschichte, in der Sie leben, sondern auch die größere Geschichte, welche Ihr Leben umgibt. Um die eigenen, persönlichen Mythen zu ergründen, müssen wir tiefer in unser Leben eindringen, als wir es gewöhnlich tun und jene Welt wieder entdecken, in die wir am Anfang unseres Lebens als Kind eingetreten sind. Wenn Sie beginnen, aus dieser Perspektive Ihr körperliches, emotionales, intellektuelles und spirituelles Werden zu betrachten, so sehen Sie in der Kluft zwischen ihrer Selbstdefinition und der Tatsache, wie Sie heute beruflich und privat Ihre Zeit verbringen, die mythischen Erzählungen, die Sie persönlich übernommen und im Laufe Ihres

Lebens unbewusst entwickelt haben. Ob es Ihnen gefällt oder nicht, diese Bestände bestimmen nun ihr gegenwärtiges Denken, Fühlen und Handeln erheblich mit. Zu erkennen sind solche Mythenbestände als feste Gewohnheiten, die wir aus Problemlösungen der frühen Kindheit entwickelt haben, sowie aus familiären, sozialen, politischen und gesellschaftlichen Vorgaben, einer bestimmten Art zu denken oder zu fühlen. Auf dieser mythischen Ebene findet eine vielschichtige, dynamische Verknüpfung von Vergangenheit und Gegenwart statt und wir müssen wie Psyche herausfinden, wann der Augenblick gekommen ist, die Heldenbilder in uns loszulassen, um den Aufgaben des Lebens auf andere Weise gerecht zu werden. Es ist daher wichtig zu erkennen, wann uns archetypische Kräfte dienen und wann sie beginnen, weitere Entwicklungen zu verhindern. Die Energie des inneren Helden zeigt uns selber an, wenn es darum geht, den Weg zu finden, unserem Schicksal nicht zu erliegen, sondern unsere Bestimmung zu erkennen. Wenn wir jedoch in der reiferen Lebenshälfte unseres Daseins im Labyrinth der Heldenfahrt gefangen bleiben, erliegen wir Sehnsüchten, die niemals gestillt werden können. Die Signale erhalten wir stets aus unserem Innern und wir können selbst prüfen, ob die archetypischen Kräfte mit unseren äußeren Aktivitäten übereinstimmen. Wenn Ihre Träume, Fantasien, Gefühle, Gedanken und Taten unharmonisch, zerfahren, unproduktiv, kurz: voller Vorurteile werden, ist es Zeit, die Aufmerksamkeit auf Ursachen oder persönliche Absichten zu richten.

Tun Sie es nicht, geraten Sie in die Gefangenschaft zwischen dem, was in der eigenen Umgebung nur als wirklich erscheint und der Wirklichkeit, wie sie tatsächlich sein dürfte. Man kann Unterschiede nicht mehr erkennen und entscheidet entlang eingerasteter emotionaler Reaktionen. So verfängt man sich im eigenen Mythos, der zwar sehr wirklich scheint, aber wenig mit dem zu tun hat, was in der Wirklichkeit passiert. Auf diese Weise wird man zum Echo seiner Gefühle und bleibt in den alten Mustern seiner Kindheit stecken. Der große Feind in dieser Konstellation ist die Angst, die uns ständig im Griff hat. Man gerät an einen Punkt, an dem – unabhängig davon, wie schmerzhaft und schmerzerfüllt die Umgebung sein mag, wie ineffektiv die Arbeit mit den alten Mustern geworden ist – immer wieder dieselben Programme abgespielt werden. Nur, weil sie uns bekannt sind, suggerieren solche Reaktionen auch eine vermeintlich große Sicherheit. So können persönliche Mythen zu Abwehr, Rückentwicklung und zu einem eigentlichen Verfehlen unserer Lebensaufgabe führen. Aber sie könnten ebensogut Inspiration, Energie und Lebensmut fördern. Um also in die unsichtbare, mythische Dimension unseres Lebens vorzustoßen, müssen wir gerade die mythenhafte Heldenenergie ruhen lassen. Es bedeutet, mit Zuhören zu beginnen, das Konkurrenzdenken zu durchschauen und stattdessen Mitgefühl zu entwickeln, das Beherrschen aufzugeben, um sich der Weisheit und dem Unbekannten des inneren Lebens zu widmen. Mit dieser Neuausrichtung verlieren wir, wie Psyche, jene Disposition, Fehler zu machen aus lauter Angst, Fehler zu begehen. Denn auf dem Weg in die Tiefen unserer Seele entscheidet nicht so sehr unser Tun, als vielmehr unsere Motivation.

Seien Sie jedoch unbesorgt, wenn es Ihnen nicht sofort gelingt, Ihre Beziehung zu diesen tiefen menschlichen Kräften in Worten auszudrücken. Sie werden es spätestens dann können, wenn der Zusammenhang der acht inneren Kräfte als Ganzes vor Ihnen ausgebreitet sein wird.

So bewegen wir uns jetzt in den Südwesten unseres Kreises, zum Stein der Symbole, zum Platz unserer Lebensträume. Hier erleben wir die mythologischen Kräfte in Träumen, in Fantasien und Momenten kreativer Inspiration, aber auch in destruktiven Verhaltensmustern uns selbst und andern gegenüber. Wie wir bereits feststellten, nehmen wir als Kleinkinder und in jeder neuen Situation Informationen auf, deren Wert wir zunächst nicht erkennen. Einen Lebensschritt weiter werden diese Informationen, die immer auch mit entsprechenden Erlebnissen verbunden sind, in Symbole gefasst. Es ist also der erste Schritt von einer unbekannten Erfahrung zu einem Gedanken, zu der Beschreibung dieser Erfahrung. Das Symbol wird so zu einem ersten Gesichtspunkt, nach dem man beurteilt, was wirklich ist. Zunächst war es also durchaus notwendig, ein bestimmtes Erlebnis zu haben. Dieses wurde durch innere Kräfte und äußere Umstände angeregt und begünstigt. Nun kann durch das bloße Anwenden eines Symbols eben dieses Erlebnis wieder ausgelöst, erinnert werden. Doch sind wir hier bereits in einem Abstand zur direkten Erfahrung.

Eng verbunden mit unseren Symbolen sind unsere Träume. Es sind nicht nur die nächtlichen Träume in unserem Schlaf, sondern auch die Träume des Tages, will heißen unsere Fantasien und Fantastereien. Es sind also auch die Dinge, von denen wir träumen, weil wir sie uns wünschen. Dabei gibt es offene Symbole, Gedanken und Wertungen über bestimmte Dinge, die sich verändern lassen, und geschlossene Symbole, die sich nicht verändern lassen, weil wir sie als tabu betrachten. Diese geschlossenen Symbole haben eine enorme Wirkkraft, denn sie manipulieren durch die Macht des Tabus die Wirklichkeit.

Psyche erkannte ihre geschlossenen Symbole im durcheinander gemischten Haufen von Keimen, Samen und Kernen, in den hitzigen, mit goldenen Flocken versehenen Schafen sowie in dem durch ewig wachsame Schlangen geschützten Quellwasser. Wie wir feststellten, bestand die Lösung dieser Prüfung nicht im Kampf, sondern in der Herstellung einer fruchtbaren Beziehung zu ihren inneren, gegengeschlechtlichen Kräften. Damit begann Psyche die Wirklichkeit als ein offenes Kaleidoskop von möglichen Realitäten zu betrachten. Und indem sie lernte, das Symbol als Rohmaterial ihrer Realität zu verstehen, gewann sie eine Gedankenform, aus der sie neue Ideen entwickeln konnte. Die helle Seite unserer persönlichen Mythen kann also nur ein möglicher, sehr flexibler Realitätssinn sein, der neue Ideen zu verifizieren vermag.

Am zweiten Punkt des Kreises wird Schnee zu einem Ball – also zu einem Symbol – gepresst. Doch aufgepasst, schnell wird ein Schneeball zu einer Eiskugel. Damit verwandelt sich die Energie in ein gefrorenes, geschlossenes Symbol und wir sind nicht mehr flexibel. Der helle Spiegel besteht demnach in der Fähigkeit, Symbole wieder zu öffnen, indem wir Schneebälle auch schmelzen lassen, wenn in uns die Sonne aufsteigt und neue Informationen kommen. Außerdem erschaffen Sie sich durch die kreative Auseinandersetzung mit den Symbolen eine Art Landkarte, die Ihnen auf der Suche nach ihren tiefsten, ganzheitlichen Vorstellungen unschätzbare Dienste erweisen wird. Der Südwesten in unserem Kreis ist der Ort von Kreuzungspunkten einer inneren und äußeren Wirklichkeit, zu der wir eine Verbindung aufnehmen müssen, um wertvolle und wahrhaftige Lebensziele zu erreichen.

So gehen wir jetzt zum Stein des Westens weiter. Hier ist der Ort, an dem wir unsere Entwicklungen im seelischen Bereich durch unsere Tagträume, durch intuitive Handlungen und Reaktionen sowie durch spontane, kreative Ausdrucksformen erkennen können. In Tagträumen vermischen sich bewusste und unbewusste Anteile zur Summe der Möglichkeiten, die sich uns als Menschen anbieten, um unser Leben zu gestalten. Doch Tagträume sind nicht nur Schlüssel, um persönliche Mythen und Symbole zu erkennen, wie wir das im Süden und Südwesten unseres Kreises gelernt haben. Sie sind auch Quellen der Kraft für die vornehmste aller schöpferischen Ausdrucksformen, nämlich die Kunst, innere Entscheidungen zu treffen.

Durch Tagträume haben wir eine magnetisch wirksame Kraft, die unsere Zukunftsbilder ganz entscheidend beeinflusst. Im dunklen Spiegel sind wir an einem Punkt angelangt, an dem wir, statt zu handeln, immer nur reagieren: mit Hinauszögern von diesem und durch Ausreden für jenes, das man nicht tut. Wir alle kennen es: »Ich hätte jenes sein und tun können, aber...« In dieses ›aber‹ gehören Vater, Mutter, Mann, Frau, Kinder, der Chef, der Staat wie auch irgendein universelles Karma. In diesen dunklen Spiegeln der Schuldzuweisungen ist man dauernd Wirkungsempfänger einer Maximalvorstellung und will gar nicht erkennen, wie daraus eine andere Wirklichkeit zu erreichen wäre.

Es ist ein Leben am seelischen Existenzminimum: Man leistet sich den Luxus, jeden Tag aufs Neue verhungern zu wollen.

Das Wechselspiel zwischen uns und den Bildern des Tagtraumes kann uns auch Energie, Mut und die Kraft des Willens ver-

mitteln, unser größtes Potential zu verwirklichen: die Fähigkeit zu lieben und sich künstlerisch und spirituell weiterzuentwickeln. Solch positiven Träumen Raum zu geben, sie auf sich wirken zu lassen, sie mit offenen Herzen zu reflektieren und dann entsprechend zu handeln, bedeutet auch, den persönlichen Mythen einen Weg zum Leben in der wirklichen Welt zu ebnen.

Mit ihren Tagträumen machte Psyche die höchsten Möglichkeiten des menschlichen Lebens zu ihrem Ziel. Und selbst wenn wir ein Ziel nicht erreichen, verleiht es dem Leben zumindest eine inspirierende Ganzheit.

Im Nordwesten, am Ort der Regeln und Gesetze, steigern sich Einsätze und damit die Risiken. Denn vom Westen her, der uns viele neue Möglichkeiten eröffnet hat, schwenken wir hier in die Realität und die universellen Bedingungen für die persönliche Reise ein. Die Welt wird – wir bekommen es oft genug zu spüren – von Regeln, Gesetzen und heiligen Bildern bestimmt.

Indessen steckt auch in uns selbst die Fähigkeit, der Realität Grenzen aufzuerlegen. Vielen gefällt dies dermaßen, dass sie mit der Zeit die Kontrolle über diese Kraft verlieren. Sie vergessen, dass es noch andere Realitäten gibt als nur das Leben auf einer Kommandobrücke. Man wird kurzsichtig und limitiert die Flexibilität und Fähigkeit, das Größere, Ganze und Umfassendere zu sehen. Die Gefahr besteht, dass man in selbst aufgestellte Fallen rennt. Regeln und Gesetze, die wir geschaffen haben, beginnen plötzlich, uns zu schaffen. Hier machen uns die dunklen Spiegel bewusst, inwieweit uns familiäre, gesellschaftliche, politische, religiöse und sexuelle Regeln und Gesetze hindern, die Verantwortung für unsere eigenen Entscheidungen zu übernehmen.

So wenden wir uns den hellen Spiegeln zu und versuchen, hier Grenzen für die verschiedenen Realitäten zu sehen. Dies geschieht, indem wir unsere Ressourcen prüfen und uns mit der Umgebung abstimmen. So wird klar, wo unsere Prioritäten liegen. Strukturen und Ordnungen sollten stets zu dem passen, was wir schaffen wollen. Gewiss schränken wir damit die Energie ein, aber wie eine Batterie konsolidieren wir sie gleichzeitig, um sie für die festgelegten Ziele zu verwenden. Kraft an diesem Ort bedeutet, Bescheidenheit und Übereinstimmung mit den Tiefen anzustreben und auf diese Weise Regeln und Ordnungen zu gestalten.

Im Norden, dem Stein unserer Philosophien und Glaubenssysteme, reflektieren wir die Art und Weise, wie wir die Welt wahrnehmen. Solange wir uns auf einer ich-zentrierten Entwicklungsebene befinden, glauben wir, dass unsere Entscheidungen nicht nur für uns, sondern auch für alle andern die besten seien. Oder auch umgekehrt, dass wir überhaupt nichts entscheiden können, weder in persönlicher noch gesellschaftlicher Hinsicht. Mentale Über- oder Unterschätzung sind Ergebnisse einer Abspaltung vom Ganzen. Damit hat der dunkle Spiegel die Funktion, klarzumachen, inwieweit unsere Philosophien und Glaubenssysteme nur Teile des Ganzen und unvollständig sind. Wir sehen daran, dass es kein persönliches Glaubenssystem außer dem gibt, das man innerhalb seiner eigenen Struktur geschaffen hat – und dass dieses persönliche System keine andere Funktion hat, als das eigene Bild von sich selbst zu bestätigen. Die Falle hier ist die Selbstwichtigkeit. Sie schaltet sich immer dann ein, wenn wir uns auf die Welten, die wir geschaffen haben, zuviel einbilden oder gar meinen, dass es genau das ist, was wahr und real sei. Tatsächlich ist es verlockend – nachdem man die Energie kennen gelernt hat und weiß, welche Auswirkungen sie hat –, sich als Guru zu fühlen. Der Energie ist es gleichgültig, wie sie verwendet wird, aber nicht der Welt. Denn die Welt droht hier an den guten Vorsätzen eines egomanen Geistes zu Grunde zu gehen. Es macht eben einen Unterschied, ob man das Wissen als Tat einer gesellschaftlichen Ethik oder nur als Teil eines Glaubenssystems in die Realität überführt. Doch auch hier gibt es Hoffnung. In den hellen Spiegeln nehmen wir die Fähigkeiten ernst, die wir am Platz der Regeln und Gesetze geschaffen haben, verbinden sie mit dem Tagtraum und beginnen dann mit der Realität zu experimentieren. Wenn man dies mit der Kraft des Nordens, dem Intellekt und einer ausbalancierten Erkenntnis kombiniert, hat man faszinierende Chancen, sich eigene und dem Ganzen der Welt angemessene Realitäten zu schaffen.

Wir sind bis an diese Stelle im Kreis vom Süden über den Westen nach Norden gewandert. In unserer Betrachtung halte ich einen Augenblick inne. Denn dieser Ring der Nachdenklichkeit öffnet uns auch eine Brücke zur jeweils diagonal gegenüberliegenden Seite. So zeigt uns die Nord-Süd-Brücke, dass menschliche Kulturen, wie wir selbst, aus einem Geflecht von Mythos und Logos erscheinen, die man zwar unterscheiden, aber in ihrem wechselseitig bedingten Entstehen niemals ganz trennen kann. Mythen nähren unseren Logos und der wiederum prüft, welche Mythen unseren Bedürfnissen und Fähigkeiten entsprechen. Indem wir die Verbundenheit und wechselseitige Abhängigkeit von Mythos und Logos an uns selbst erforschen, verwandelt sich unser doch oft allzu technisches und spezialisiertes Wissen in das Humane der gemeinschaftlich vermittelten Weisheit. Wir werden im kollektiven Sinne Mitschöpfer von neuen Mythen, welche Pluralität und Mannigfaltigkeit der menschlichen Gemeinschaften wertschätzen und das Problem des Bösen nicht projizieren, sondern integrierend als Teil der eigenen Kultur verstehen.

Im Nordosten kommen wir zu dem Platz, an dem wir unsere Energie gestalten und choreografieren. Hier nehmen wir das Rohmaterial der Realität in seiner energetischen Form auf und gestalten dadurch die Choreografie unserer Bewegungen und Beziehungen zu dieser Welt. Hier kommt die Energie ins Leben hinein und führt uns, wie Psyche, in Situationen und an Orte, die uns völlig unbekannt sind. Wir haben die Wahl: Wir vertrauen darauf, mit dem zu planen, was wir bisher gelernt haben, oder wir verschließen die Augen, lassen alles fahren und werden herumgeschleudert. Beide Einstellungen führen dazu, dass wir von der Energie transformiert und nicht mehr die Gleichen sein werden, die wir einmal waren. Im Unterschied zum zweiten Fall ist es jedoch wahrscheinlicher, dass wir den Ort unserer Ankunft vielleicht abschätzen können. Es geht also darum, dass wir mit dieser Energie tanzen lernen und uns darauf einlassen, ein Teil dieses Tanzes zu sein, ohne uns als Opfer zu fühlen.

Wir alle unterliegen andauernd einer schier unglaublichen Zahl von verschiedenen Energien und meinen, diese ständig kontrollieren zu können. In Wirklichkeit bedeutet Kontrolle aber lediglich, dass ein Verhalten von unserer Umgebung akzeptiert wird und wir darin nicht abgelehnt werden. Der dunkle Spiegel des Nordostens besteht also aus dem ständigen

Streben nach Anpassung und Anerkennung durch andere. Damit beginnen wir, unser innerstes Wesen zu mustern, zu gestalten und abzustimmen, aber eben nicht von einem Standpunkt der Stärke und der Erkenntnis des eigenen Wesens aus, sondern immer abhängig davon, ob unser Verhalten dazu verhilft, von einer bestimmten Gruppe akzeptiert zu werden. Ständig wechseln wir unsere Masken, spielen Ehe, Angestellte, PolitikerInnen – doch ohne Überzeugung und ohne inneres Feuer. Anstatt uns etwas vorzumachen, sollten die falschen Masken abgerissen werden. Im dunklen Spiegel verhält man sich wie ein Schwimmer, der sich im Strudel verfängt und sich dauernd selbst bezweifelt: Warum muss das gerade mir passieren?

Wer bewusst in diesen Ort der Kraft eintritt und sich mit der Energie in Gleichklang bringt, kann die alten Energiemuster ablegen und sich ein der Bewegung zugemessenes Leben gestalten. Um beim Bild zu bleiben: In einem Flussstrudel ist es angezeigt, auf dem Rücken zu schwimmen. Zudem haben wir im gegenüberliegenden Südwesten den Ort der Symbole und Träume.

Die Bereitschaft, ein geschlossenes Symbol zu öffnen, eine der erwähnten Eiskugeln schmelzen zu lassen, bewirkt ein Hereinfließen der neuen Energien. Wenn also gleichzeitig etwas im Bereich der Energiebewegung passiert, werden dem Lebenstraum neue Möglichkeiten eröffnet. Auf diesem Platz finden wir das Unerwartete in der Weise einer Einladung, neue Energiemuster und Energiebewegungen in Betracht zu ziehen. Im blanken Spiegel zeigen wir hier die schönsten unserer Charaktereigenschaften: Wir werden zum Gestalter der Dinge, von denen wir wissen, dass sie für uns wichtig, sehr wichtig sind.

Im Osten, am Ort der Inspiration, der Fantasie und der Erkenntnis erfahren wir, dass wir es sind, die das, was uns geschieht und zukommt, auch selber geschaffen haben. Wenn wir hier von Fantasie sprechen, setzen wir voraus, dass es nicht nur eine Realität, sondern ein Spektrum, eine unbegrenzte Anzahl von Realitäten gibt. Wo es uns gelingt, die Energien zu bestimmen, schaffen wir uns die entsprechende Wirklichkeit. Eine Wirklichkeit aussuchen und sie in Zeit und Raum hineinbringen bedeutet, anzuerkennen, dass man wirklich ist. Und nun, wo wir eine neue Realität geschaffen haben, wissen wir auch, was dazu notwendig war, nämlich im eigenen Leben zu stehen, die Bereitschaft aufzubringen, stets Drehbuchautor, Regisseur, Produzent und Schauspieler in einem zu sein. Hier vollziehen wir den Schritt vom Praktischen zum Stilvollen. Im Werden unserer eigenen kreativen Ausdrucksmöglichkeiten liegen schöpferische Kräfte verborgen, mit deren Hilfe wir zu dem kommen, was wir am Anfang einer Reise gesucht hatten, ohne es genau zu wissen. Mythologisch gesprochen: Der Mensch und das Göttliche begegnen sich in den kreativen Augenblicken, um dem unbekannten neuen Leben Form zu geben. Das heißt aber auch, dass alles, was wir ohne Fantasie tun, für die Seele unzugänglich ist.

Auch in dem dunklen Spiegel der Fantasie arbeiten wir ständig an etwas, doch ist hier das Scheitern programmiert, weil man immer neue Gründe findet, warum man selbst nicht in Ordnung ist. Man will einfach nicht verstehen, warum sich kein Erfolg einstellt, warum vieles, was man sich vornimmt, vergeblich bleibt, wo doch in der Fantasie alles so wunderbar ausgesehen hat. Aber wir haben – das ist der Schlüssel – die Realität der übrigen Energien nicht berücksichtigt. Damit bleiben wir im Reich der Illusionen hängen, oder wir fliehen in den – im Westen gegenüberliegenden – Tagtraum, in dem wir uns jede Aktion verunmöglichen. So spiegelt die Fantasie eben auch den Tagtraum wider und umgekehrt.

Was wir sind in der Welt, in der Schöpfung, lernen wir also im Osten unseres Kreises. Wie wir uns selbst als Mensch konzipieren, sehen wir im Südosten, dem letzten Reflexionsort unseres Kreises. Es ist der Platz unseres Selbstkonzepts, das heißt der durch Eigen- und Fremdbilder geschaffenen Vorstellung über unser Selbst. Wir sind an diesem Ort alles andere als allein. In energetisch-inkarnierter Form leisten uns hier alle Ahnen durch die ganze Familienspirale hindurch gewissermaßen Gesellschaft. Die dunklen Spiegel beinhalten die Illusionen und Gemeinheiten, die durch jede Familiengeschichte sozusagen als biografisch-systemische Verschmutzungen weitergegeben werden. Hier gilt es zu verstehen, dass die Verhaltensmechanismen, die wir durch unsere Ahnen- und Familienbeziehungen in uns eingespeichert haben, ein psychisch eigenständiges Leben führen und sich von selbst immer zu wiederholen versuchen. Daraus resultiert der Kampf des Südostens, der Kampf mit den anderen, die ein Teil von uns selbst zu sein scheinen. Seien dies verständnislose Eltern, rachsüchtige Ehepartner oder uneinsichtige Großmütter – solange wir nicht anerkennen, dass wir die Architekten dieser selbstgeschaffenen Realität sind, können wir diese Kämpfe nicht beenden. Und weil solche Auseinandersetzungen nie einfach sind, kann es nicht verwundern, dass wir hier gleich mehrere dunkle Spiegel finden, welche unser Selbstkonzept bestimmen.

So kann sich zum Beispiel in übermäßigen Bindungen unsere Unfähigkeit äußern, uns selbst unabhängig von einer bestimmten Person, Lebensweise oder einem Glauben zu *sehen. Wir brauchen solch starke, symbiotische Bindungen, um wir selbst zu sein, ohne dass wir wahrnehmen, dass es Abhängigkeitsverhältnisse sind, die freie Wahlmöglichkeiten einschränken oder gar verunmöglichen. In solchen emotionalen und geistigen Leiden beginnt man, den persönlichen Schatten, die minderwertige, vernachlässigte Seite seines Selbst auf andere Menschen zu projizieren. Was man in seiner eigenen Persönlichkeit für minderwertig hält, verurteilt man beim anderen und wir geraten damit in eine üble Falle, das zu hassen, was fremd erscheint, weil es tatsächlich das Eigene ist. Wir sind so nicht mehr in der Lage, etwas Gemeinsames zwischen den Menschen, die wir verurteilen, und uns selbst zu erkennen. Wenn wir die Prozesse in solchen Vorurteilsstrukturen durchschauen und verstehen, wenn wir also unsere Schwächen kennen, vermögen wir auch unsere Stärken besser einzusetzen. In den hellen Spiegel zu blicken, ist darum der Versuch herausfinden, wer wir wirklich sind, um die diversen Kämpfe für alle Zeiten zu beenden. Es ist ein arbeitsreicher Weg zu jenem Punkt der Klärung, an dem wir zu einer menschlichen Kapazität werden und akzeptieren und schätzen können, wie wir sind. Die Erkenntnis, einzigartig zu sein, wird uns hier genauso zuteil wie die schönste aller Fähigkeiten: sich selbst zu lieben. Die hellen Spiegel bestehen in der Selbst-Annahme, der Selbst-Liebe und der Selbst-Verwirklichung. Durch die Sehnsucht nach dem eigenen Selbst können wir schließlich ein erarbeitetes Selbstvertrauen als eines der kostbarsten Geschenke unserer Seele empfangen. Tatsächlich muss die Bestätigung Ihres Selbst von Ihnen und Ihrer Seelenarbeit kommen. Kein Guru, kein Liebhaber, keine Freundin kann und wird Ihnen diese Aufgabe abnehmen. Der Schlüssel zur Selbst-Schätzung besteht im Akzeptieren unseres einzigar-*

tigen Wesens mitsamt allen menschlichen Fehlern, denn diese dienen uns als Quelle für ein fortwährendes Lernen. Dadurch gewinnen Sie Kraft und Vergnügen, zu Ihren Handlungen zu stehen, Ihre wahren Einstellungen zu verteidigen, und zwar ohne jeweils blind oder affektiert zu reagieren, sondern immer mit dem nachsichtigen Humor, die Menschen und diese Welt zu schätzen.

Mit den acht inneren Energieorten und ihren hellen und dunklen Spiegeln haben wir eine wunderbare Perspektive, von der aus wir unsere Persona, unseren Schatten sowie unser wahres Wesen untersuchen können. Die rituelle Anwendung gibt uns immer wieder von Neuem die Möglichkeit zu prüfen, wo wir stecken geblieben sind, wo sich wiederholende Muster von Denk- und Verhaltensweisen eingeschlichen haben und welche Emotionen und Projektionen uns daran hindern, unseren Weg der Bewusstseinserweiterung fortzusetzen. Die stete Bemühung, den inneren Fluss in Bewegung zu halten und mit sich selbst in Berührung zu sein, weist die Entwicklung zur Ganzheit als einen kontinuierlichen Prozess aus.

Eine weitere Möglichkeit, den Entwicklungsprozess voranzutreiben, besteht darin, eine bewusst gesetzte Einseitigkeit als These zu betrachten und die entgegengesetzte Schatteneigenschaft als deren Antithese. Indem wir Kreis und Spiegel als Bezugspole nutzen und untersuchen, finden wir Funktionen und Synthesen, deren Verbindungen oft überraschend erscheinen. Aus solchen Synthesen gewinnen wir wiederum neue Thesen, welche uns immer tiefere Wahrheiten auf unserem Weg zum Erkennen des ganzen Kreises unserer Persönlichkeit enthüllen.

Der Pfad durch die acht inneren Kräfte ist also zu Beginn durchaus ein analytischer, zergliedernder Erkenntnisvorgang. Dabei spielt der Wille eine wichtige Rolle bei unserer Entscheidung, ob wir uns mit der ungelebten Seite befassen und ihr bewusst Aufmerksamkeit und Energie geben wollen. Wie von Psyche auf ihrer Suche nach Liebe wird auch von uns eine bewusste Entscheidung verlangt. Doch sobald die Spannung der Gegensätze einsetzt, muss, wie in den Mythen, der Wille paradoxerweise zurücktreten und suspendierend den Raum geben, aus dem der Prozess seinen Fortgang gewinnt.

Die letzten Abschnitte auf dem Weg zu Ganzheit erreichen wir nur durch Gefühl und Intuition. Zieht man dagegen eine Seite der anderen vor, fügen wir nichts zusammen und werden stattdessen nur mehr auseinander gerissen. Deshalb ist es individuell und kulturell gesehen wichtig, dass wir uns wieder Zeit für moderne Synthesen nehmen. Sie lassen uns Bezogenheiten wirklicher werden: Analyse und Intuition, Technik und Natur, Forschen und Mitgefühl, männlich und weiblich, den kühlen Verstand und das warme Herz.

Unsere Beschäftigung mit den inneren Kräften reicht von der intellektuellen bis zur spirituellen Ebene. Doch nur in der meditativ-rituellen Anwendung, im Ruheraum der Seele, finden Sie die Kraft des Transzendierens, die Fähigkeit, sich über eigene Launen, besitzergreifende Gefühle oder Gedanken zu erheben und aus einer gewissen Distanz zu beobachten, was Ihre Aufmerksamkeit belegt und Ihnen zum Nachteil gereicht. Es ist eine wahrhafte Erleichterung, in sich selbst einen Beobachtungspunkt zu finden, eine ruhige, inspirierende Perspektive, die darauf abzielt, eine spirituelle Dimension in unserem Geist, in unserem Herzen lebendig zu erhalten. Als Ritual, als symbolischer Akt im Stein- und Reflexionskreis, erschaffen wir uns auch einen wertfreien Raum, in dem es einzig und allein um die Freiheit des Bewusstseins geht. Hier gewinnen wir seelische Qualitäten zurück wie Schönheit, Intimität mit dem eigenen Selbst, Gemeinschaft mit der Natur und die Vorstellungskraft. Wir üben darin die Kunst der Erinnerung, nun das Heilige und die Würde im Leben wahrzunehmen und sich damit zu verbinden. An einem Platz in der Natur ermöglichen Sie sich zusätzlich, Orte wahrnehmen zu lernen, durch die Sie Teil eines umfassenderen Prozesses sind. Wenn Sie sich umschauen und beobachten, wie die Natur sich immer wieder erneuert und wie sie mit den *alltäglichen Unpässlichkeiten* umgeht, kommen Sie nicht darum herum, etwas Notwendiges für Ihr inneres Leben zu lernen.

Fünfte Übung:

Brücken in unser Leben. Eine Visionssuche

So wie Kreise uns aktiv anregen, unsere inneren und gegengeschlechtlichen Inspirationen auf eine reale Ebene zu bringen, können sie uns auch auf der Suche nach einer Vision für unser Leben behilflich sein. Eine Vision, die erhaben und tief genug ist, kann ein Anlass sein, um aus den losen Fäden unseres Lebens ein geistvolles, irdisch höchst reales Geflecht zu weben.

Dabei ist es notwendig, egal in welcher Lebensphase wir uns für die Visionssuche entscheiden, sich zuerst mit den acht inneren Kräften, welche die Vergangenheit prägten, auseinander zu setzen.

Denn ohne den Blick zurück können wir nicht nach vorne schauen.

Auch für das eigentliche Ritual der Visionssuche suchen Sie am besten einen Ort in der Natur auf, an dem Sie sich entspannen und wohlfühlen können. Sie beginnen das Ritual am frühen Morgen, weil dessen Energie Melodien zum Klingen bringt, die neues Leben, neue Welten erschaffen. Erstellen Sie wiederum einen Kreis mit acht Steinen und beginnen Sie danach zu meditieren, in welcher Richtung und in welcher Absicht Sie sich in die Zukunft bewegen wollen. Sobald Sie eine Verbindung zu dem von Ihnen gestalteten Energiefeld aufgenommen haben, setzen Sie sich in den Süden. Die Schlüsselfragen, welche Ihren heiligen Traum enthüllen werden, befinden sich stets auf zwei Ebenen: zum einen auf der persönlichen Ebene der eigenen Lebenserfahrung, zum anderen auf der Ebene der praktischen Möglichkeiten.

Süden, Stein des Rufes: Welche Aufgabe, welche Möglichkeiten, welche Absicht ruft und reizt mich, dass ich sie in den nächsten zwölf Monaten verwirklichen will? Und wenn Sie das herausgefunden haben: Wie ganz genau könnte dazu der erste Schritt aussehen?

Südwesten, Stein der Entscheidung: Was bedeutet der erste Schritt, welcher sich nun abzeichnet, für mich ganz persönlich? Was sind die Konsequenzen daraus für mich und meine Angehörigen? Was kann ich gewinnen, was verlieren?

Westen, Stein der Verbündeten: Wer oder was wird mich in diesem Prozess unterstützen?

Nordwesten, Stein der Schwelle: Welches Hindernis habe ich zu überwinden, um mit der Quelle und der Kraft für mein Vorhaben in Kontakt zu bleiben?

Norden, Stein der Intuition: Welcher Lernprozess hilft mir, meine Ziele zu erreichen?

Nordosten, Stein der Verwirrung: Worin besteht das Labyrinth oder die Schwierigkeiten, welche ich auf meinem Weg durchlaufen muss?

Osten, Stein der unerwarteten Geschenke: Durch Achtsamkeit und Einfühlungsvermögen werde ich mir der positiven Kräfte in chaotischen Zeiten bewusst und mache sie zu meinen Verbündeten.

Südosten, Stein der Integration: Wie bringe ich die verschiedenen Inhalte zusammen? Wie verbinde ich meine alltägliche Welt mit dem neuen Projekt, mit den neuen Aufgaben und Herausforderungen?

Abschließend möchte ich Sie einladen, die Brücken zu den Steinen zu betrachten, welche sich durch die diagonal gegenüberliegenden Kräfte ergeben:

Auf der Diagonalbrücke von Süden nach Norden beginnen wir im Süden, dem Ort des inneren Kindes, das offen, neugierig, unschuldig und voller Vertrauen in die noch unbekannte Welt hineinwächst. Beim allmählichen Übergang in den Nor-

den stellen wir dann die Verbindung zum erwachsenen Selbst her. Und sobald sich diese Verbindung im Gleichgewicht zwischen dem offenen, vorurteilslosen Geist des Erwachsenen und dem geheilten neugierigen Kind befindet, entsteht Ihr einzigartiges Wesen, das Spontanität und Weisheit aufs Schönste vereint und zum Ausdruck bringt.

Die südwestliche Kraft unseres Lebenstraumes und die nordöstliche Kraft der Energiebewegung bilden ein zweites Paar, welches wir überbrücken müssen. Der Lernprozess besteht hier zunächst im Erkennen, was Sie nicht sind und welche Erfahrungen des Lebens Sie bisher aus Angst gemieden haben. Indem Sie beginnen, Ihren Verstand zu beobachten, bekommen Sie eine immer klarere Vorstellung von seinen Inhalten. Und während Sie seinen Puls beobachten, erkennen Sie seine Unbeständigkeit, sehen, wie Gedanken als Teil eines Prozesses kommen und gehen, wie sich Inhalte bilden und wieder auflösen. Allmählich lernen Sie so die Muster hinter diesem Prozess kennen, und dadurch beginnen sich Ihre Ängste und Vorurteile in Verständnis und Mitgefühl aufzulösen. Damit beenden Sie die Begrenzung Ihrer Individualität, Ihrer Seele und werden frei zur Verwirklichung Ihres Lebenstraumes.

Mit dem Brückenschlag von Westen nach Osten verbinden wir die Wirklichkeit mit unserer Fantasie und Vorstellungskraft. Mit der ganzen Kraft der Imagination stellen wir uns die Möglichkeiten unseres Lebens vor und setzen diese in die Tat um. Je tiefer in uns wir sie verwirklichen, umso mehr stellen wir uns dem Leben. Die Aktivitäten werden dadurch wahrhaftig und integer, sie bekommen eine tiefe Bedeutung und sind von Seele erfüllt.

Die nordwestlichen und südöstlichen Kräfte bilden schlussendlich die vierte Brücke, welche die Regeln und Gesetze, die wir uns selbst gaben, mit unserem Selbstkonzept verbinden. Hier geht es darum, die allgegenwärtigen äußeren Werte unserer auf Egobestätigung ausgerichteten Kultur zu durchschauen und stattdessen das zu schätzen, was Ihre Individualität einzigartig und gerade deshalb so wertvoll macht. Und was kann dies anderes sein, als Ihre inneren Werte und Ihr persönlicher Weg der Entwicklung?

Die Reise durch diese Reflexions- und Aktionsmandalas ist wie die Reise der Seele ein zyklischer Prozess. Echos von uralten Erdenweisheiten der Naturvölker verbinden sich hier mit modernen psychologischen Transformationsprozessen und schaffen Erfahrungsräume, in denen wir das geheimnisvolle Universum unserer Seele erneut erforschen können.

Die Wiederverzauberung der Welt beginnt also mit dem Staunen über unsere eigene komplexe, verletzliche Vielseitigkeit und mit der Imagination. Dagegen aber besteht immer noch jener dualistische Zweifel, der Seele und Körper auseinander reißt und uns eine Welt beschert, in der der Geist die Materie, der Intellekt den Körper, der Mann die Frau und der Mensch die Natur beherrscht und ausbeutet. Erst jetzt – zur Erntezeit des Dualismus – beginnen wir zu merken, was wir damit uns und unserer Erde antun. Und so stehen wir nun in der Verantwortung gegenüber unserer kulturellen Geschichte genauso wie unserer eigenen Seele.

Äußere Synthesen und Weltanschauungen – wie inspirierend sie auch sein mögen – können uns ohne die Begegnung mit den inneren Kräften nicht weiterhelfen. Eben deshalb sind die vorgeschlagenen Praktiken, die zu diesen Erfahrungen hinführen, nicht weniger notwendig als Synthesen auf der Ebene des reinen Denkens, des rationalen Argumentes. Die Begegnung mit diesen unseren Kräften führt ins Zentrum der Kreativität und von dort – beseelt und schöpferisch angeregt – wieder in die Welt hinaus. Dabei hilft Kreativität als erstes, unsere Verrücktheiten zu formen und erkennbar zu machen, statt sie zu verdrängen. Außerdem wirkt unsere Kreativität oft als sensible Antenne für soziale Gerechtigkeit und moralische Entrüstung, sodass unsere Seele in bezug auf Heuchelei, Unterdrückung und Chauvinismus wach bleibt.

So zeigt sich in dieser Arbeit der Beginn eines neuen Erfahrungsrahmens, der kreative Ausdrucksfähigkeit mit mythologischen, psychologischen und spirituellen Inhalten ins Kollektive, in die Gemeinschaft ausdehnt. Dadurch werden wir Initiatoren, Anreger und Abenteurer, durch die der Geist seine Fühler neu ausstreckt und sich ankündigt.

II. Teil

VERMÄCHTNIS, VERHEISSUNGEN, BEGEGNUNGEN

4. Kapitel

AUFBRUCH UND ENTGRENZUNG

Was uns der Mythos von Gilgamesch über die Ablösung des Instinkthaften durch ein selbstbestimmtes Handeln zeigt

Das erste Zeitalter der Mythen war durch das Mysterium des Werdens aller Dinge geprägt. Hier finden sich Versuche, die unsichtbare Welt hinter der sichtbaren zu verstehen, Annäherungen an die geheimnisvolle göttlich-menschliche Beziehung und die Erkenntnis, dass wir uns alle inmitten einer unvollendeten Schöpfungsgeschichte befinden.

Während also das erste Zeitalter der Mythen durch die Begegnung mit dem Geheimnis des Lebens gekennzeichnet war, wurde das erste Zeitalter der Geschichte durch die Begegnung mit dem Tod geprägt. In Ägypten wurden die ersten Gräber für die Ewigkeit gebaut. Die Entwicklung des damit einhergehenden Jenseitsglaubens bis zu den Anfängen der Osiris-Religion finden wir am prägnantesten in einem der Pyramiden-Texte eingemeißelt: »Du schläfst, damit du aufwachst, du stirbst, damit du lebst«.

In Uruk, jener sagenhaften sumerischen Stadt am Unterlauf des Euphrats, brach Gilgamesch – der später vergöttlichte Stadtkönig – zu seiner heroischen Suche nach Unsterblichkeit auf. Historische Studien belegen, dass Gilgamesch um das Jahr 2600 v. Chr. tatsächlich König der Sumerer war. Allerdings, das Epos entstand erst im zwölften Jahrhundert v. Chr. und verschwand nach der Eroberung durch die Perser 200 Jahre später wie die ganze großartige sumerische Kultur im Wüstensand des Zweistromlandes.

Die bemerkenswerteste Kulturleistung der Sumerer war die Erfindung der Keilschrift, die über 900 Zeichen umfasste und um das Jahr 3100 v. Chr. entwickelt wurde. Erstmals schufen Menschen eine Schriftsprache und eröffneten damit den Weg zur Geschichtsschreibung. 1872 wird der Engländer George Smith zwölf Tontafeln, auf denen das Leben des ersten epischen Helden der Weltliteratur aufgezeichnet ist, rekonstruieren.

Uruk: Die Stadt als mythische Zone des Kampfes und der Freundschaft von Himmel und Natur

Die Geschichte beginnt in der Stadt Uruk und schildert uns Gilgamesch als einen jungen, strahlenden, arroganten, vergnügungssüchtigen König, der seine Untertanen unterdrückt und immer unberechenbarer wird. Die Ältesten der Stadt hielten Rat und kamen zu dem Schluss, die Götter um einen Gegenspieler zu Gilgamesch zu bitten. Der Wunsch wurde gewährt, die Götter erschufen Enkidu. Ein Mann, der mit allerlei Tieren in der Wildnis lebte, dessen ganzer Körper dicht behaart war und der erst nach einem siebentägigen Zusammensein mit einer Dirne allmählich zivilisierte Lebensformen annahm.

Enkidu, der wilde Mann der Natur, wollte aber wieder zu seinen Tieren zurück. Doch diese wandten sich von ihm ab. Erst jetzt begann er zu verstehen, dass er seine wilde Unschuld verloren hatte und aus der natürlichen

Gemeinschaft der Tiere herausgefallen war. Die Ursache seines Falles von der Natur in die Kultur war die Sexualität. Deshalb hörte jetzt Enkidu neugierig der Tempelhure zu, was sie ihm über die prächtige Stadt Uruk, ihre Tempel, aber auch über König Gilgamesch und seine alles überragende Kraft zu erzählen hatte. Enkidu fühlte augenblicklich die Herausforderung und bat seine Feuerfrau, ihn in die Stadt zu führen, damit er mit Gilgamesch kämpfen konnte.

Während sich Enkidu der Stadt von unten, von der Natur, vom Dorf her nähert, steigt Gilgamesch, selbst zu zwei Dritteln göttlich, von oben, vom Himmel herab in die Stadt. Der Kampf wurde unausweichlich, weil es nicht nur ein persönlicher, sondern auch ein repräsentativer Kampf war. Es ist der Kampf der sich Erinnernden: Ausdruck der schmerzhaften Prozesse, in der die Kultur des Dorfes, die Gemeinschaft der Großen Göttin zur urbanen, männlichen, individuellen Zivilisation wurde.

Der Kampf der Giganten findet folgerichtig vor dem Brauthaus statt. Enkidu gewinnt, aber der ob seiner Niederlage überraschte, jedoch nicht geschockte Gilgamesch sieht in Enkidu sein Ebenbild und damit erstmals einen Menschen, den er achten kann. Er erkennt in ihm die Intelligenz der Natur, ihr Bewusstsein und ihr Verhalten. Auch Enkidu erkennt den verborgenen Schatz in Gilgamesch, und dadurch beginnt für diese beiden unbändigen Geister, welche sich ihrer Sterblichkeit kaum bewusst sind, eine wunderbare Zeit der ersten Freundschaft.

Ganz sicher haben Sie schon die Erfahrung gemacht, dass die Dinge des Lebens, durch die Augen eines Freundes betrachtet, ihre Schrecken verlieren und plötzlich wieder menschlich werden. Warum das so ist, schildert Thomas Moore auf sehr klarsichtige Weise: »Jeder Freund ist eine Welt – eine besondere Sphäre, bestimmte Gefühle, Erfahrungen, Erinnerungen und persönliche Eigenschaften. Jeder Freund nimmt uns mit in eine andere Welt, die auch die unsere ist. Jeder von uns besteht aus vielen dieser Welten und jede Freundschaft schenkt einer oder mehrerer dieser Welten das Leben. Freundschaft ist ein alchemistisches Gefäß, sie hält den Seelenstoff zusammen.«[8]

Zudem zeigt sie uns, dass wir die Grenzen unserer Persönlichkeit meistens viel zu eng ziehen. Wir denken, dass wir bloß das sind, was uns von andern unterscheidet. Nur vergessen wir oft, dass eine ganz tiefe Sehnsucht unserer Seele sich im Verlangen äußert, nicht nur zu sehen, sondern auch gesehen zu werden, und nicht nur zu verstehen, sondern auch verstanden zu werden. Dazu verhilft uns das Geschenk einer echten Freundschaft in vollkommener Weise, weil sie das wahre, hellsichtige Spiegelbild unserer Seele, unseres Geistes ist.

Gilgamesch beginnt also von Enkidu zu empfangen, was er noch nicht ist, und gibt Enkidu, was der auch noch sein könnte.

Ein gutes Märchen würde hier wohl zu seinem Ende kommen, doch unsere Geschichte beginnt erst richtig. Unsere Helden werden durch allerlei erfolgreiche Abenteuer schon bald übermütig. Aus einer Laune, aus einer Tagträumerei heraus entstand nämlich in Gilgamesch die verwegene Idee, Chumbada, das Ungeheuer des Waldes zu bezwingen und zu töten. Enkidu dagegen war anfänglich nur schwer für diese Idee zu begeistern, wusste er doch als ehemaliger Bewohner der Steppe und des Waldes um die Gefährlichkeit Chumbadas, der im Wetter- und Regengott mächtige Verbündete hatte und dessen Aufgabe unter anderem darin bestand, den Zedernbaum der Göttin Inanna zu bewachen. Zusätzlich sorgte Enlil, der schicksalsbestimmende Gott dafür, dass jeder, der den heiligen Wald in unwürdiger Absicht betrat, von Lähmungen überwältigt wurde. Warum suchte Gilgamesch eine solch gewaltige – und wir ahnen es bereits – schicksalsbestimmende Herausforderung? Er suchte sich dadurch einen Namen zu machen!

Zwar waren die Ältesten der Stadt bestrebt, unsere Helden von diesem Vorhaben abzubringen und warnten sie eingehend ob all der Gefahren. Doch rasch merkten sie, dass insbesondere Gilgamesch durch nichts zurückgehalten werden konnte, denn was da kurz vor der Ausführung stand, war weit mehr als ein weiteres Heldenabenteuer; es war eine kulturelle, spirituelle Revolte in einem solch historischen Ausmaß, dass ihre Konsequenzen bis in unsere Gegenwart hineinreichen.

Umfangreiche Vorbereitungen wurden getroffen – besondere Äxte, Bogen und Schwerter mussten geschmiedet werden, Opfergaben wurden besprochen und vorbereitet und schlussendlich gaben auch die Ältesten der Stadt resignierend ihren Segen und einige spezielle Anweisungen zur Besänftigung der Götter für diese lange und gefährliche Expedition in den Zauberwald.

Sieben Gebirge mussten Gilgamesch und Enkidu überwinden, bis sie sich dem Libanon näherten. Gilgameschs

Nächte waren von wilden, entsetzlichen Träumen geprägt, in denen Himmel und Erde dröhnten, weißglühende Feuer loderten, der Tod allgegenwärtig wurde und nichts als Asche hinterließ. Enkidu erwies sich dabei als begabter Traumdeuter und warnte Gilgamesch ein letztes Mal vor der dämonischen Kraft Chumbadas und bat ihn umzukehren.

Doch dieser war nicht umzustimmen, stattdessen schwor er auf seine Eltern, nicht eher umzukehren, bis er Chumbada getötet haben würde.

So also gelangten sie zum allzeit grünen Wald, der ihnen trotz allem immer noch so viel Respekt abnötigte, dass sie ihre Reden unterbrachen und zu lauschen begannen:

»Still standen sie am Rande des Waldes,
Staunen immer wieder an die Höhe der Zedern,
Staunen zugleich an den Eingang des Waldes.
Wo Chumbada zu gehen pflegte, war eine Fußspur,
Die Wege sind gerichtet, schön gemacht ist die Bahn.
Sie sehen den Zedernberg, die Wohnstatt der Götter,
Inannas Weihesitz.
Angesichts dieses Berges trägt die Zeder ihre Fülle.«[9]

Diese wunderschöne Sprache lässt uns jetzt vollends ahnen, worum es hier wirklich geht: Chumbada ist kein Ungeheuer und schon gar kein böser Dämon. Nein, er ist der Geist des Waldes. Und diesen zu erschlagen heisst nichts Geringeres, als die erste ökologische Ursünde zu begehen. Es heisst, die Stadt, aus der die Helden kamen, von der Natur abzutrennen, die Natur in Rohstofflager für die Bedürfnisse der Zivilisation zu verwandeln. Seelisch bedeutet dies: Sein Ich aus den großen Zyklen herauszureißen, um es danach als etwas Isoliertes, Einsames, Tragisches gegen die Macht des Schicksals zu schleudern. Unwiderruflich und mit gewaltiger Kraft taucht hier das Ich auf der Weltbühne der Geschichte auf und deshalb muss auch der Zedernbaum, Wohnsitz der Götter, gefällt werden, jener Baum, der in allen alten Kulturen als Baum des Lebens, als Weltachse, als ein Bild und Symbol der Unsterblichkeit, Erneuerung und Auferstehung galt. Dieser Baum musste sterben, um ein Ich, um ein Ego zu nähren.

So also schritt Gilgamesch, der erste König der Stadt, in den heiligen Wald, fand Chumbada und war erstaunt und berührt, auf ein Wesen zu treffen, welches ihn, statt zu bekämpfen, zu besänftigen suchte und sich gar anbot, die Bäume gleich selber zu fällen, damit er die Hölzer als würdige Ausstattung seines Palastes verwenden könne. Gilgamesch, geblendet vom Strahlenkranz Chumbadas, war für einen letzten kurzen Moment unschlüssig, doch da griff Enkidu ein, nahm die Axt in seine Hand, zog das Schwert aus seinem Gürtel und forderte seinen Freund auf, als erster zuzuschlagen, um ihr Werk zu vollenden. Zwei fürchterliche Doppelstunden dauerte dieser Kampf, der die Erde beben und den Himmel schwarz werden ließ und mit dem Tod Chumbadas endete.

Gilgamesch fällte danach die Bäume im heiligen Wald, während Enkidu deren Wurzeln zerstörte. Der Weltenbaum, die große Zeder, der Wohnsitz Inannas, der Göttin der Liebe und des Krieges wurde durch Gilgamesch als letzter Akt des Frevels gefällt.

Das Echo der Axtschläge hallt bis in unsere Gegenwart hinein. Wir spüren die Schläge mittlerweile an uns selber, wenn im Namen der Zivilisation, im Namen des Fortschritts wieder ein Stück Natur geopfert wird. Heute wissen wir, dass der Fortschritt allein keine Sicherheit mehr bietet, denn es gibt immer den darauf folgenden Schritt, von dem kein Mensch mehr sagen kann, wohin er führen wird. Wir leben heute ohne Gott, ohne eine Geschichte unserer Seele, ohne Mythen, ohne Zedernwald. Wir haben nur noch uns selbst. Und unsere Gedanken an den Fortschritt.

Erinnerung an die Große Göttin als Wendezeit der Kultur

Zurück nun zu unserer Geschichte, in der ein weiterer, unerwarteter Schritt folgt. Unsere Helden – immer noch ungebrochen – kehrten in die Stadt zurück, wo Gilgamesch im Königsmantel und in strahlender Schönheit die Huldigungen seines Volkes entgegennahm und die Aufmerksamkeit der fürstlichen Inanna, der uns bereits bekannten Göttin der Liebe und des Krieges erregte.

Mit Inanna lassen wir uns noch tiefer in die Zeit fallen, gehört sie doch der alten neolithischen Kultur der Großen Göttin an. Obwohl ihre Blütezeit längst vorüber war, wussten die Sumerer immer noch, dass die Große Mutter über Leben und Tod gebot. Dieses Wissen lebte in der Verehrung von Inanna weiter.

In der Zeit zwischen 9000–6500 v. Chr. entwickelten die Frauen den Garten- und Ackerbau, die Töpferei und die ersten Siedlungsformen. Sie begannen die Mondphasen aufzuzeichnen, bereiteten aus Wurzeln und Kräutern die ersten Arzneien zu. Durch den landwirtschaftlichen Überfluss entstanden die ersten Dörfer, welche durch eine Priesterschaft von Frauen innerlich und äußerlich zusammengehalten wurden. Spirituelles und zeremonielles Zentrum dieses ersten universellen Glaubens war Catal Hüyuk in Anatolien, ein Städtchen, welches nicht durch politische, männliche Macht, sondern durch kulturelle, weibliche Autorität lebte und wuchs.

Was aber taten die Männer in diesem goldenen Zeitalter eines friedlichen, vertrauten, matriarchalen Dorflebens? Sie streiften als Jäger durch Steppen und Wälder, genossen ihre Freiheit, ihre Verantwortungslosigkeit. Ihre großen Geschichten um wesentlich kleinere Jagdabenteuer lenkten von der Tatsache ab, dass ihre Beute nie und nimmer ausgereicht hätte, die damaligen Gemeinschaften ausreichend zu ernähren, geschweige denn, so etwas wie eine Kultur aufzubauen.

Doch die Dörfer wuchsen zu kleineren Städten heran; der Handel begann allmählich Wohlstand zu erzeugen und musste beschützt werden. Aus Jägern wurden Krieger, die nicht irgendwelche, sondern nur ihre Frauen beschützten. Die lokalen Händler entwickelten sich zu regional mächtigen Kaufleuten. Durch dieses neue Netzwerk männlicher Tätigkeiten wurde die alte neolithische Religion von einer neuen Kultur umschlossen.

In Uruk, dem ersten männlich dominierten Stadtstaat der Geschichte, bestand durch Inanna noch eine Verbindung, eine Nabelschnur der Erinnerung zur Religion der Großen Göttin. Allerdings kommen wir jetzt durch unsere Geschichte zu jenem Ereignis, als diese – nicht zu unserem Vorteil, aber notwendig für den Gang der Entwicklung – durchschnitten wurde.

Inanna also, späte Repräsentantin der vorangehenden, Jahrtausende währenden Kultur der Großen Göttin, kommt nun auf den königlichen Gilgamesch zu und macht ihm das Angebot, seine Geliebte zu werden:

»Komm Gilgamesch! Du sollst mein Gatte sein!
Schenk, o schenke mir deine Fülle!
Du sollst mein Mann sein, ich will dein Weib sein!«[10]

Die Göttin versprach einen Wagen von Gold und Lasurstein mit edel geschmückten Rädern und Hörnern von Mondstein. Welcher Mann wird ein solches Angebot ausschlagen? Umso mehr, als Inanna ganz sicher nichts mehr mit der beleibten, großbusigen, mütterlichen Göttin der Zeitalter der Schöpfungen gemeinsam hatte. Wir können davon ausgehen, dass sie in Uruk in zeitgemäßer, bereits urbanisierter Form als junge, schlanke, erotisch inspirierende Frau erschien. Das sexuelle Schwergewicht hatte sich von der Fruchtbarkeit, der Macht der Fortpflanzung, zur Macht des Eros verschoben. So wie der städtische Mann begann, sich zu organisieren, zu disziplinieren und als Mitglied einer Hierarchie seine Macht ausbaute, so begann die städtische Frau sich zu erotisieren und zielte mit ihrer neuen Macht nicht mehr auf Kinderreichtum, sondern auf den Geliebten. Inannas Vorbild ist bis heute ungebrochen. In Theater, Literatur und Film: Von der Antike bis zur Gegenwart, in immer neuen Variationen, sehen wir das Drama, wie mächtige

Männer sich selbst durch eine junge erotische Frau in ihre eigene Zerstörung verwickeln.

Doch Gilgamesch war kein naiver Mann. Er war König, und als solcher ließ er sich nicht auswählen, sondern wählte selbst aus. Und er war Krieger, und als solcher bereit, das Leiden auf sich zu nehmen, das sich nun einmal durch jede Wahl ergibt. Aber wie viele Männer reagierte er auf Inanna zuerst einmal ambivalent: angezogen und abgestoßen zugleich, und so sprach er zu ihr: Was muss ich dir geben, wenn ich dich nehme?

Gilgamesch gibt damit ein für diese frühe Zeit der Geschichte erstaunliches Wissen preis, nämlich die tragische Gewissheit der Teilung von Körper und Seele. Er weiß, dass sein Körper schon bald der Beherrschung durch Inanna unterliegen würde, und er weiß zugleich von der Sehnsucht seiner Seele nach Freiheit, nach Befreiung von Sexualität und Tod, um die größere, die transzendente Liebe zu empfangen. Er weiß um all das und trotzdem tut er, was kein Mann ungestraft tut, er beleidigt, erniedrigt und verletzt sie auf eine geradezu unerhörte Weise.

Auf der Straße, da sei ihr Sitz, und wer auch immer Lust habe, möge sie sich nehmen, so stößt Gilgamesch hervor. Er vergleicht Inanna des weiteren mit einer unfertigen Tür, die weder Wind noch Sturm abhält, mit einem Gefäß, das seinen Träger durchnässt, mit einem Schuh, der seinen Besitzer kneift. Hält ihr schlussendlich vergangene Liebhaber vor und wie arrogant und entehrend sie diese fallengelassen habe. Warum tut er das? Warum lassen sich Männer zu allen Zeiten, in allen Erdteilen zu solchen Verbalschlachten hinreißen? Was führt einen Mann dazu, das Weibliche, dem er sein Leben, die Schönheit, die Liebe, die mögliche Ganzheit verdankt, derart zu beleidigen?

Wohlverstanden, in diesem frühen Stadium unserer Seelengeschichte geht es noch nicht um die psychologische Erinnerung. Hier, im Mythos, erscheint zunächst eine andere, tiefere Ebene der Erinnerung. Während uns die psychologische Erinnerung in eine persönliche Vergangenheit führt, trägt uns das transpersonale Erinnern an einen mythischen Ort, an eine Quelle, die wir gemeinsam haben. Wenn – und darauf arbeiten wir zu – die persönliche Erinnerung mit der mythischen zusammentrifft, entsteht das Empfinden eines neuen Gleichgewichts zwischen unserer kleinen und unserer großen Geschichte, zwischen dem Bekannten und dem Unbekannten, zwischen dem Menschlichen und dem Göttlichen.

Behandeln wir also unsere Frage nach der Beleidigung des Weiblichen durch den Mann im Spiegel des Mythos. Uruk befand sich damals, genau wie wir, in einer Zwischenzeit. Die Auflösung spiritueller und kultureller Gewissheiten, die bis vor kurzem das Leben der neolithischen Gemeinschaften einigermaßen berechenbar machten, war in vollem Gange. Im Gewirr von neuen patriarchalen Kräften und matriarchalen Restbeständen wird sich jeder zunächst einmal selbst der Nächste. Im Suchen, im Hoffen, im Stolpern agieren wir Heutigen ähnlich ratlos wie Gilgamesch vor 4500 Jahren.

Zuvor, im neolithischen Dorf, waren spirituelle Prozesse in die der Natur folgenden Zyklen eingebunden.

Der Tod bedeutete eine Rückkehr zur Großen Mutter, um dereinst – aus ihrem Schoß – wiedergeboren zu werden. Jahrtausende folgten die Menschen diesem Mythos. Doch als Enkidu und Gilgamesch den Geist des Waldes erschlugen, eine Mauer zwischen der Stadt und der Natur aufbauten und ihr Ich gegen die Zeit erhoben, erschienen diese Unschuld und die Gewissheiten durchbrochen. Der Mythos der ewigen Wiederkehr hat für Gilgamesch keine Gültigkeit mehr und so steht er der schmerzvollen Erkenntnis seiner Entfremdung gegenüber. Er musste ertragen, dass er noch nicht war, was er werden wollte, was er hätte sein können. Gilgamesch steht im Dilemma des Bewusstseins: Das Leben, der Tod, die Liebe, das Leiden, die Freude, das Böse und die Macht sind nicht nur außen, im Walde oder sonstwo, sie sind auch innen, will heissen, ein Teil der menschlichen Fügung. Damit stehen wir nicht einem Rätsel gegenüber, das es aufzulösen, sondern einem Mysterium, dem es zu begegnen gilt. Doch Gilgamesch ist davon weit entfernt. Er will sich immer noch einen Namen machen und damit dem Tod trotzen. Deshalb auch sein Wunsch, sich von der Sexualität zu befreien, denn soviel war ihm bereits klar: in der Verbindung von Sexualität und Tod ist das eine nicht ohne das andere zu haben.

Natürlich fühlte sich Gilgamesch weiterhin von Frauen angezogen. Sein instinktives Leben war weder durch eine Moral noch durch innere Verletzungen gebrochen, doch er sehnte sich nach einer größeren Liebe, nach einer Liebe, die nicht durch Körper und Tod begrenzt war. Man könnte auch sagen, er wollte sein Leben nicht auf Erfahrungen allein beschränken, denn das hätte bedeutet, sein Leben auf das zu beschränken, was es in der Erinnerung sein würde. »Erfahrung ist gelebtes Leben«, schreibt John Dunne, »schon gelebtes Leben. Wenn ich mir zum Ziel setzte, gelebt zu haben, fähig zu sein, am Ende sagen zu können: Ich habe gelebt, dann lebe ich in der Hoffnung, gelebt zu haben, und in der Furcht, nicht gelebt zu haben, in der Hoffnung auf ein erfülltes Leben und in der Furcht vor einem unerfüllten Leben. Ich lebe mit dem Tod vor, mit und hinter mir. Der Tod vor mir ist der Tod, auf den ich hoffe, der Tod eines schon gelebten Lebens, der Tod hinter mir ist der Tod, den ich fürchte, der Tod des noch nicht gelebten Lebens.«[11]

Langsam wird deutlich, worin Gilgameschs Dilemma besteht, denn außer Enkidu – seinem Zwillingsbruder – stand er den Dingen seines Lebens ziemlich beziehungslos gegenüber. Was mit ihm selbst geschah, als er den Geist des Waldes tötete, als er Natur und Stadt, Seele und Körper trennte, als er die Göttin Inanna und mit ihr alle Frauen beleidigte, das alles ließ Gilgamesch gar nicht an sich heran. Sein Geist war noch immer kalt, unwissend, arrogant, unfähig seine Sterblichkeit anzunehmen und damit auch unfähig zu Liebe und Zustimmung. Doch die Seele erhält im luftleeren Raum der Beziehungslosigkeit keine Nahrung, keine Erweiterung, keine neuen Bilder.

Das ist eine Seite von Gilgameschs Wahrheit. Es gibt jedoch eine andere Dimension in diesem Mythos. Gilgamesch beging mit der Abweisung Inannas eine bewusstseinsgeschichtliche Pioniertat, indem er der Sexualität eine neue Bedeutung gab. Voraussetzung dazu war seine Freundschaft mit Enkidu, die ihm half, bewusste und unbewusste Anteile seiner Persönlichkeit zu öffnen und zu entwickeln und die Gilgameschs Lebhaftigkeit, Impulsivität und Wagemut ganz entscheidend förderte. Dieses Geschenk Enkidus trug zu Gilgameschs Werk bei, sich vom unbewussten, magischen Denken zu befreien und so zu einer unverwechselbaren Individualität heranzureifen. Sein Denken und Handeln war nicht mehr von kollektiven, mütterlichen Verpflichungen strukturiert und geprägt, sondern ergab sich aus den Konsequenzen seines eigenen Urteilsvermögens. Dies ist ein Kennzeichen für ein Ich, das in der Lage ist, Spannungen und Ängste zu ertragen, die sich aus der Errichtung einer eigenen Position in dieser Welt ergeben, sobald nur geringfügige Abweichungen dem Kollektiv gegenüber bestehen.

Indem also bei Gilgamesch die Sexualität aufgehört hatte, nur ein Ereignis seiner Instinkte zu sein, wurde sie zu einer Kraft, deren Energien transformiert werden konnten und so dem Bewusstsein genauso dienlich waren wie körperliche Erfüllung.

Trotzdem konnte die Göttin des Geschlechtslebens die Beleidigung nicht hinnehmen. Sie hatte viel zu verlieren, also musste sie handeln. Und wie sie das tat! In ihrem heiligen Zorn stieg sie direkt in den Himmel empor, klagte ihrem Vater, dem Himmelsgott Anu, ihre erlittenen Demütigungen und verlangte von ihm, den Himmelsstier herbeizuschaffen, damit er Gilgamesch töten möge. Doch Anu konnte diesem Wunsch nicht ohne Weiteres entsprechen, bedeutete dies doch eine siebenjährige Dürreperiode für Menschen und Tiere in Uruk. Inanna ließ sich davon nicht abschrecken und drohte ihrem

Vater, wenn er das Leitseil des Himmelsstiers nicht in ihre Hand lege, werde sie die Türen zur Unterwelt zerschlagen, damit die auferstandenen Toten die Lebendigen fressen mögen. So gab dann Anu das Leitseil des Himmelsstiers aus seinen Händen und Inanna führte ihn hinab zur Erde, an die Ufer des Euphrats.

Ein denkwürdiger Kampf nahm nun seinen Lauf, dessen Einzelheiten wir uns sparen können, da sie hier mit keinem Erkenntnisgewinn verbunden sind. Begnügen wir uns mit dem Hinweis, dass dreihundert Männer Uruks ihr Leben verloren und Enkidu heldenhaft kämpfte, bis es ihm gelang, den Himmelsstier an den Hörnern zu packen, worauf Gilgamesch, stark und sicher, nur noch sein Schwert in den Nacken des mächtigen Stieres zu stoßen brauchte, bis er tot vor ihm niedersank.

Inanna schrie entsetzt auf, erhob sich über die Stadtmauer und verfluchte Gilgamesch. Als Enkidu diese Drohung hörte, riss er dem Himmelsstier einen Schenkel aus und schleuderte ihr diesen ins Gesicht. Und das war mehr als eine Erniedrigung, das war ein Sakrileg! In der matriarchalen Kultur wurde als Höhepunkt der Rituale zu Ehren der Großen Göttin immer ein Stier geopfert.

Indem Gilgamesch den Himmelsstier – das große Symbol der Befruchtung und Lebenskraft – tötete und Enkidu dessen Schenkel – als Phallussymbol – nach der Göttin der Liebe warf, verhöhnten sie nicht nur die alten Rituale, sondern entheiligten auch die Gnadenmittel der Großen Göttin.

Inannas Schmerz wird als grenzenlos geschildert. Chumbada – der als letzter die Göttin auf Erden repräsentierte – lag erschlagen in einer baumlosen Einöde, der

Himmelsstier – Metapher ihrer energetisch-sexuellen Kraft – lag zerrissen vor ihren Füßen und der Mann, den sie vergeblich begehrte, sonnte sich im Höhepunkt seines äußeren Erfolges. Außerdem bildete nicht ihr Schlafzimmer für diese Tragödie die Bühne, sondern es war ein öffentliches, urbanes Ereignis, das ihr Gegner nicht durch Lendenkraft gewann, sondern mit einem Ich, das zu handeln verstand, ohne von unbewussten Kräften gesteuert zu werden. Dem hatte sich nun auch Inanna zu stellen, denn die Zeit, in der mit instinktivem Handeln allein Ziele erreicht wurden, war ein für allemal vorbei. Es war eine weitere Vertreibung aus dem Paradies.

So hart und unbarmherzig endete das Zeitalter der Großen Göttin. Es war die hohe und bittere Wendezeit der Kultur. Entsprechend unheilvoll begann gleichzeitig das Zeitalter der männlichen Götter mit einem beunruhigenden Traum Enkidus. Die Himmelsgötter Anu, Enil, Ea und Schamasch hielten Rat. Anu forderte Bestrafung jener, die den Frevel verübt hatten. Enil aber sprach: Enkidu soll sterben, doch nicht Gilgamesch! Schon am nächsten Tag lag Enkidu krank darnieder und Gilgamesch weinte beim Anblick seines Freundes bitterlich. Gilgamesch war von den Göttern verschont worden, doch gerade deshalb fand er sich mit dem Tod seines Freundes konfrontiert.

Auch Enkidu – vom Schock seines nahen Endes getroffen – haderte mit seinem Schicksal, verfluchte die gemeinsamen Taten und schlussendlich – wie könnte es anders sein – die Dirne. Sie war letztlich an allem Schuld. Doch Schamasch hörte das klägliche Gejammer und erwiderte ihm vom Himmel aus: Warum, Enkidu, verfluchst du die Dirne? Alles, was du geworden bist, selbst deine Freundschaft zu Gilgamesch wäre ohne diese Begegnung nicht möglich geworden. Nachdem Enkidu dies vernommen hatte, besänftigte sich sein zorniges Herz und er begann die Menschen, die er zuvor verfluchte, zu segnen. Was bewirkte diesen Wandel? Warum konnte Enkidu sein Dasein und Sosein plötzlich annehmen? Weil er die Dinge seines Lebens, seine Sexualität, seine Männlichkeit, aber auch seine Sterblichkeit in den Augen Schamaschs sah. Wenn man den Dingen seines Lebens allein gegenübersteht, sind sie oft sehr grausam, unverständlich, erschreckend. Manchmal üben sie einen gefährlichen Zauber aus und dann wird der Tod zu einer Sehnsucht. Doch indem Enkidu seine Welt mit den Augen eines anderen sah, wurde sie menschlich. Dadurch gewann er eine Beziehung zu seiner Sterblichkeit und eine Zustimmung zu seiner Vergangenheit, zu seinem Leben. Seine erste und verständliche Verzweiflung, als er mit seiner Sterblichkeit, seinem Tod konfrontiert wurde, zeigte ihm, dass sein Sterben nicht einfach nur geschah, sondern dass er eine Beziehung dazu einnehmen konnte. Und diese Beziehung veränderte seinen Geist. Er verlor seine Überheblichkeit und Unwissenheit und gewann die Erfahrung seines Bewusstseins für die Dinge seines Lebens. Und hier endete für Enkidu die Spaltung von Körper und Geist. Seine letzten Tage verdichteten, erhöhten und verwandelten ihn. Seine Liebe gewann an Ausstrahlung in dem Maße, wie das Triviale seines Lebens im Angesicht des Todes verblasste. Und wer schon einmal einen Freund, einen Seelen- oder Lebenspartner im Sterben begleitet hat, der weiß, dass sich zwischen dem letzten Moment des Lebens und dem ersten Augenblick des Todes etwas Heiliges aus dem Körper löst.

Aufbruch eines Helden an die Ränder der Zeit

Gilgamesch, der bisher jede Herausforderung angenommen, jedes Abenteuer erfolgreich abgeschlossen, jedes Gefühl unmittelbar ausgelebt, jedes alte Tabu verletzt und sich über alle Grenzen hinausgewagt hatte, musste während der letzten zwölf Tage Enkidus hilflos zusehen, wie der Tod ihre Beziehung langsam auslöschte. Ein Hauch von Melancholie, Mysterium und Ewigkeit umgab unsere Freunde, die im Wissen voneinander Abschied nahmen, dass ihre tiefe, seelenvolle Freundschaft zu einem Teil ihrer eigenen Natur wurde.

Sechs Tage und sieben Nächte trauerte Gilgamesch danach um seinen Freund, bis er ihn bestatten ließ. Doch er hüllte sich nicht in pietätvolles Schweigen, auch wollte er sich seine Ängste nicht versagen lassen, sich nicht verstecken. Er setzte sich offensiv und schließlich öffentlich mit dem Tod auseinander. Von Todesfurcht getrieben suchte er überall Antwort auf seine nun dringendste Frage: Sterbe ich – der König, immer noch zu zwei Dritteln Gott und nur zu einem Drittel Mensch – ebenso wie Enkidu? Gilgamesch, der sich nie mit Begrenzungen abfinden mochte, steht mit einem Mal der dem Leben innewohnenden Begrenztheit gegenüber. Immer wieder von wütender Überlebenslust gepackt, sieht er sich dennoch außerstande, einen Bewusstseinszustand der Akzeptanz zu erreichen.

In diesem quälenden Zustand erinnert er sich seiner Ahnen, insbesondere an Utnapischtim, der als Einziger die große Flut überlebte und von den Göttern die Unsterblichkeit erhielt. Also bricht er, nachdem er seinem verblichenen Freund ein Standbild aus Gold und Lapislazuli errichtet hat, nach Osten zu einer Reise an die äußerste Grenze der Welt auf, um dort mit Hilfe dieses Weisen Unsterblichkeit zu erlangen.

Schwül senkt sich die Dämmerung über Uruk, als Gilgamesch die Stadt verlässt. Nichts ist mehr, wie es war. Traurige Finsternis herrscht in ihm und in der Finsternis der Steppe, die keinen Weg kennt, als er nun dem Unbekannten entgegenläuft. Allein und gebrochen, erlebte er sich vereinsamt, dem Widerstreit der Gefühle ausgesetzt, aber immer noch maßlos in seiner Suche nach immerwährendem Leben.

Der Mann, der die Stadt von der Natur trennte, der Mann der Zivilisation, überließ sich nun dem Instinkt, der Intuition, der Irrationalität, dem Körper, der Natur. Bereits in der ersten Nacht ging er durch die Hölle der Angst, als er am Fuß der ersten Berge gegen Löwen kämpfen musste. Damit beginnt der eigentliche Initiationsweg Gilgameschs. Der Krise, dem Gespaltensein durch den Tod Enkidus, folgt die Abkehr, das Alleinsein, die Reise ins Unbekannte. Es scheint, als hätte Gilgamesch den Wandel begriffen, der durch seine – wenn auch noch unklare – Beziehung zum Tode über ihn gekommen war. Er erfuhr, wie schnell sich alles im Leben wandeln kann, und durch die Erkenntnis des Vergänglichen angeregt, begab er sich auf eine Reise, die auch ihn verwandeln würde. Doch wie sollte er einen Zugang zu dem finden, was er wirklich war? Er hätte Andere und Unbekanntes in sein Leben treten lassen müssen. Menschen, welche ihm bewusst gemacht hätten, was er noch nicht war. Menschen, von denen er seine Ganzheit hätte erlangen können. Doch so weit war er noch nicht. Ganzheit bedingt Einsicht. Doch wie ist Einsicht möglich, ohne ganz zu sein? Schon wieder ist Gilgamesch auf das Unbekannte gestoßen und diesem begegnet er in der Folge auch am Berge Mâschu, dessen Inneres er durchschreiten muss und dessen Eingang von Skorpionmenschen, deren Furchtbarkeit ungeheuer und deren Anblick Tod ist, versperrt wird. Sie bewachen den Weg der Sonne bei ihrem täglichen Auszug und Einzug. Diesen Wesen musste er sich stellen, ihnen gegenübertreten, wissend, dass dies seinen Tod bedeuten könnte.

Der erste Grenzbereich, auf den Gilgamesch traf, verband ihn wieder mit den Kräften der Großen Göttin. Allerdings mit ihren negativen Kräften, denn die Skorpionmenschen symbolisieren die verschlingende Erde, die Nacht sowie die wässrigen, kalten Tiefen. In der Astrologie der Sumerer, welche die Summe ihrer psychologischen Erkenntnisse darstellt, bereitet sich die Natur im Zeichen des Skorpions auf ihren Winterschlaf vor. Die Tage werden kürzer, die Dunkelheit nimmt zu und noch heute gedenkt man zu dieser Jahreszeit überall auf der Welt der Toten. Die polare Entsprechung des Skorpions ist der Stier, also jenes vitale, erdhafte und sinnliche Frühlingszeichen, dessen Qualitäten unser Held kannte und verwirklicht hatte.

Hier zeigt sich deutlich, dass Gilgamesch die alte und die neue Kultur in sich trägt, doch nicht harmonisch vereint, sondern so gespalten, dass sich ihre Gegensätze andauernd bekämpfen. Dieser Konflikt erzeugt jene Energie, die ihn an die äußersten Grenzen vorwärts trieb und die ihn immer wieder zu mehr werden ließ, als er vorher war. Diese Energie, sein göttlicher Anteil, sowie die Motivation, seinen Ahnen Utnapischtim nach Tod und Leben zu befragen, ließen ihn vor den Skorpionmenschen bestehen. Sie öffneten ihm das Bergtor und Gilgamesch trat in die Finsternis des Berges, aus der noch nie jemand herausgefunden hatte.

Vom Weiblichen in die Finsternis des Berginnern gelockt, stieß er jetzt auch tief in seine eigene Dunkelheit vor. Langsam zerfiel sein unter so vielen Opfern aufgebautes Ich und es eröffneten sich ihm höchst vielfältige Welten. Ein Chaos von Erbschaften, Eigenschaften, Zuständen und Formen. Jede dieser Welten in Gilgamesch enthielt viel Dunkelheit, viele zerstörerische Kräfte und Möglichkeiten, denen er jetzt allein, unsicher und orientierungslos gegenüber stand. Aus der Zeit herausgefallen und ohne jede Fluchtmöglichkeit begegnete Gilgamesch seinen Schmerzen, seinen Verletzungen, seiner Trauer. Er stieg in die Tümpel seiner Psyche hinab und entdeckte dort Grotten, in denen sich noch nie jemand aufgehalten hatte.

Es ist unsere Aufgabe, Gilgamesch in diese Tiefen zu folgen und zu lernen, der Wahrheit, der eigenen Wahrnehmung zu vertrauen. Es bedeutet: die vorgefundenen Schmerzen und Verletzungen zu benennen. Innehalten.

Standhalten. Schweigen. Und hin und wieder nach ersten Lichtstreifen am grenzenlosen, unbekannten Horizont Ausschau halten.

Das Licht, das Gilgamesch nach zwölf Doppelstunden aufflackern sah, war das, was übrigblieb, nachdem er durch seinen Schmerz, seine Wunden, seinen Gram, seine Bitternis, durch seine Leiden gegangen war.

Zum Geschenk des Lichts, das jetzt vollends hervorbrach und ihm den Ausgang wies, erhielt er noch zwei Weggefährten, die seine Seele fortan nähren sollten: Die Stille, welche ihm seine verborgene Tiefe aufdeckt, und das Unbekannte, das ihn durch die Dunkelheit des Berges führt. Gilgamesch begann erstmals zu ahnen, dass die Entdeckung seines Ahnen nur ein vorläufiges Ziel sein konnte. Sein neues und letztes Ziel wurde jetzt mehr und mehr, zu diesem Unbekannten eine Beziehung zu finden.

Die Ereignisse und Notwendigkeiten, die Gilgameschs Alltag bisher prägten, hatten aufgehört zu existieren, ja er begann erstmals am Sinn seines Lebens zu zweifeln. Er wurde für sich selbst zur Frage. Warum bin ich überhaupt hier? Ist mein Leben letztlich gar ohne Sinn? Aber auch: Wenn es trotzdem einen Sinn gäbe, worin könnte er zu suchen sein? Etwa in der Führung durch das Unbekannte?

Es drängte ihn nämlich, kaum in die Helle des lichten Tages zurückgekehrt, die Edelsteinbäume zu sehen. Ein vielfarbiger, wundersamer Garten mit Karneol-Weinstöcken und Laubbäumen aus Lapislazuli tat sich vor Gilgamesch auf und gab ihm die Möglichkeit, sich zu erholen, bevor er zu den Gewässern des Todes aufbrechen würde.

Im Schatten von fruchttragenden Edelsteinbäumen erhielt er danach vom Lapislazuli – in Uruk als Stein der Herrscher geehrt – die Kraft, Verhaftungen in alten Mustern, die ihm dienlich, jetzt aber hinderlich waren, zu erkennen und loszulassen. Außerdem unterstützte dieser blaue Stein neu erwachtes Verlangen nach Erkenntnis und innerer Wahrheit, beschleunigte instinktive Reaktionen und ermutigte zu Offenheit und Aufrichtigkeit. Gilgamesch wird dies brauchen können, denn zunehmend wird er mit Wahrheiten konfrontiert, denen er ins Auge schauen muss, will er seine Bestimmung nicht verfehlen. Ergänzend wirken die Kräfte des Karneols, der Standfestigkeit und Mut vermittelt, jedoch nicht leichtfertigen Heldenmut, den Gilgamesch im Übermaß besitzt, sondern jener alltägliche Mut, der hilft, sich immer wieder neu zu überwinden und die Herausforderungen des täglichen Lebens anzunehmen. Weiter fördert der orangefarbene Quarzstein die Fähigkeit, neue Wege zu vertiefen, begonnene abzuschließen und schärft in Zeiten der Verwirrung den Realitätssinn. Beinahe bedeutungsvoller erscheint allerdings der Umstand, dass Gilgamesch diese versteinerte Vegetation zwar in der Wildnis der Natur, aber durch einen Garten begrenzt vorfindet. Im Garten überlassen wir die Vegetation nicht mehr ihrem natürlichen, wilden Wachstum, sondern beginnen mit ihrer Kultivierung. Diese Kultivierung des Gartens entspricht der langsamen Veredelung von Gilgameschs Geist. Zwar ist er immer noch unterwegs, um ein unbegrenztes Leben zu finden, doch die Kraft, dieses Unternehmen fortzusetzen, erhält er aus einem begrenzten Raum.

Viele Stunden erlag Gilgamesch dem Zauber des Gartens, gab sich ganz seinen kleinen Gefühlen hin, schenkte seine Beachtung den zuweilen bizarren Formen der Gesteine, verfolgte ihre farbigen Adern, sank in seiner Vorstellung mitsamt den tiefen Wurzeln der Bäume in die Erde, tauchte wieder auf, um sich von der Anmut des Windes fort tragen zu lassen. Er erlebte, wie die Grenze zwischen ihm und der Natur ins Zittern kam. Gefühle der Übereinstimmung seines Wollens mit den Gebilden dieses Zaubergartens ließen Gilgamesch erstmals entdecken, wie wunderbar seine Seele an den schöpferischen Kräften der Natur teilhaben konnte.

Ein kühler, launischer Wind weckte ihn indessen aus seinen Tagträumereien. Im hohen Himmel der Steppen ritten Wolkenheere dahin und der aufgehende Mond warf einen silbrigen Schein auf die den Horizont beschließenden Berge.

Äußerlich verwildert, innerlich sich wie ein Liebender fühlend, schritt er mit erhabenen Empfindungen dem abgeschiedenen Meer entgegen, um bei Utnapischtim Einblicke in das Mysterium der Zeit zu erlangen.

Doch vorher sollte er noch einem anderen Mysterium begegnen: dem Weiblichen. Mitternacht war längst vorüber, als er das schwerfällige und eintönige Rollen des Meeres am Rande der Welt vernahm. Nahe der Küste legte er sich nieder, betrachtete die flimmernden Sterne und bald darauf hörte er den Ton einer Stimme von ungemeiner Lieblichkeit. Das tiefe Gemurmel des Meeres vermischte sich mit dem Gesang und trug die Melodie mit der Bewegung der auf- und absteigenden Wellen. Als er am Morgen erwachte, leuchtete das Meer bereits in goldener Flut und Gilgamesch entdeckte nicht weit von seiner Bucht eine umhüllte Frau, die bei seinem Anblick eilends in ihr Haus flüchtete und Tür und Tor fest hinter sich verriegelte. Auf den Wegstationen seiner langen Reise war sie das erste menschliche Wesen, also konnte er nicht widerstehen, rannte zu ihrem Haus und drohte, die Tür aufzubrechen, wenn sie ihm nicht Einlass gewähre. Als sie seinem Drängen nachgab und er eintrat, sah er eine junge, geheimnisvolle Frau vor sich, die einen goldenen Maischbottich schützend in ihren Händen hielt. Wer mochte diese Frau sein, fern aller Menschen lebend, aber auch dienend, indem sie sich vorerst als Schenkin vorstellte. Gilgamesch spürte jedenfalls sogleich, dass er hier einer Frau gegenüberstand, die alles andere bedeutete als jede Eroberung zuvor. Es galt, zuerst auf jene Stimme zu hören, die wir in uns selbst hören können, jene ferne Stimme, in der sich Freude und Schmerz, Liebe und Hass, Freundschaft und Einsamkeit, Leben und Sterben aneinander reiben. Und in den Wunden, die dabei entstehen, liegt das, was einen Menschen ungewöhnlich und einmalig macht. Gilgamesch verstand dies, begann aber trotzdem mit der Litanei seiner Heldentaten, bis ihn die Schenkin fragend unterbrach: Warum sind deine Wangen abgezehrt? Warum deine Züge verlebt und soviel Harm in deinem Herzen?

Erst jetzt öffnete die Trauer Gilgameschs Wunde und es brach aus ihm heraus, was an seelischer Beschwernis drückend auf ihm lastete. Er erzählte von Enkidu und seiner Trauer um ihn. Worauf sie ihm entgegnete: »Gilgamesch, wohin läufst du? Das Leben, das du suchst, wirst du sicher nicht finden! Als die Götter die Menschheit erschufen, teilten sie den Tod der Menschheit zu!« Da spricht nicht nur ein gesunder, klarer Menschenverstand zu Gilgamesch, nein, hier spricht ein letztes Mal eine Vertreterin der Muttergöttin zu ihm, deren Sinn und Bestimmung die Geburt von neuem Leben war und in deren Macht es stand, dieses Leben nach ihren Gesetzen wieder zurückzunehmen, um es später verwandelt in den großen Kreislauf von Werden und Vergehen zurückzugeben. Erinnern wir uns zudem an den goldenen Maischbottich, den die Schenkin in ihren Händen trug, so wird klar, dass sich hinter dieser Frau eine Göttin verbirgt, die Gilgamesch zu einer Einweihung, einer Erneuerung, zu einem alchemistischen Prozess einladen möchte. Was in der Dunkelheit des Berges seinen Anfang nahm und ihn durch den Edelsteingarten an diesen Schwellenraum führte, soll hier vollendet werden. Wir fühlen, wie da noch einmal die Möglichkeit der Versöhnung von alter und neuer Kultur, von Ich und Wir, von Mann und Frau, Natur und Stadt erscheint. Doch Gilgamesch war längst zu weit gegangen. Sein Ich, sein individuelles Bewusstsein entstand durch Abspaltung vom Geist der Natur und den himmlischen Göttern. Jede noch so harmlose Erschütterung ruft in ihm die alten Wunden wieder wach. Und in der Eile und Angst seines Ehrgeizes will er von ihr nur noch wissen, wie er den Weg zum Fährmann findet, der ihn über die Wasser des Todes geleitet, um endlich jene Gestalt zu finden, die ihm Unsterblichkeit verleihen würde.

So wie er sich von ihr verabschiedet, verabschiedet sich die Frau für sehr lange Zeit als Mitgestalterin in Geschichte, Philosophie, Religion und Wissenschaft.

Aristoteles und Platon, Jesus und Paulus, Thomas von Aquin, Galilei, Newton, Descartes, Spinoza, Darwin, Kant und Freud sollten diese Entwicklung zur fundamentalen Eigenständigkeit des modernen Menschen prägen. Doch dieser Mensch steht am vermeintlichen Ende der Geschichte genauso einsam da wie Gilgamesch, als er sich vom Weiblichen, dem Mysterium von Leben, Natur und Seele, abwandte.

Gilgamesch stieg also hinab zu den Gewässern des Todes und es war ihm, als ob er in seine dunklen Schicksalsbilder hinabsteigen würde. Grau und trostlos wurde die Welt um ihn herum und er, der große Extrovertierte der Stadt, begann darunter zu leiden, der Welt nicht mehr anzugehören. Die Einsamkeit kehrte ein und die Aussicht auf den Tod ließ ihn aus Entfremdung und Angst laut aufschreien. Halb ohnmächtig erreichte er die Fähre. Das Boot lag bereit, doch vom Fährmann keine Spur; da packten ihn Wut und Zorn so heftig, dass er die gewaltigen steinernen Ruderstangen zerschmetterte. Er zerstörte damit, so erklärte ihm der bald darauf zurückkommende Fährmann, genau das Mittel, das es ihnen ermöglicht hätte, die todbringenden Wasser zu überqueren.

Es ging aber von diesem Fährmann etwas aus, das Gilgamesch besänftigte und ihm die Einsicht vermittelte, dass er diesen letzten, gefährlichen Bereich nicht ohne jenen Mann bewältigen konnte. Er bildete den schmalen Steg zwischen dem Leid der Lebenden und dem ewigen Leben der Unsterblichen. An dieser Schwelle zwischen den Welten erzählte Gilgamesch auch dem Fährmann Bilder und Geschichten seines Lebens. Still, offen und ohne Ungeduld lauschte Urschanabi Gilgameschs Worten und eröffnete ihm schlussendlich die Möglichkeit, die Brücke zwischen Diesseits und Jenseits, zwischen materieller und geistiger Welt zu überqueren.

Doch die steinernen Ruder lagen wie Gilgameschs Persönlichkeit in Stücke zerschmettert am diesseitigen Ufer. Nach kurzem Nachsinnen über andere Möglichkeiten, die gefährlichen Wasser zu überqueren, schickte der Fährmann Gilgamesch in den von ihm selbst entehrten Wald zurück. Dort musste er 120 Bäume fällen, entlauben und schälen, um dann daraus Ruderstangen herzustellen. Sie hatten keine andere Wahl: das Wasser zerfraß die Stangen nach jedem Eintauchen in Kürze und eine Berührung, allein mit der Hand, wäre tödlich gewesen. Eine unmenschlich harte, quälende Arbeit, die Gilgamesch nur auf sich nimmt, weil er immer noch kein Bewusstsein dafür erlangt hat, dass seine Heldentaten Sehnsüchte in ihm wachgerufen haben, die nicht gestillt werden können. Dass auch der Einsicht Grenzen gesetzt sind, dass das Heilige Geheimnisse in sich birgt, zu denen Menschen besser keinen Zugang haben sollten, das alles kümmerte ihn wohl nur am Rande. Er hat Angst. Und sein Ich hat ein Ziel – dem wird nun alles untergeordnet.

Unsere Geschichte gibt uns von der Reise durch heiliges Territorium nur gerade ein Bild frei. 45 Tage waren sie unterwegs, doch die Stangen waren kurz vor der Ankunft verbraucht, so dass Gilgamesch mit seinen Kleidern ein notdürftiges Segel setzen musste. Und als er endlich das jenseitige Ufer erreichte, stand der König der Stadt, der Held der Zivilisation, der Mann der Tat, dem alten, weisen Mann vom Berg der aufgehenden Sonne völlig nackt gegenüber.

Natürlich war Utnapischtim dieser Besuch unwillkommen, denn Gilgamesch hatte weder ein Recht noch entsprechende Verdienste, diese Welt der ewigen Werte zu betreten. Doch der alte Mann des Geistes erkannte intuitiv in Gilgamesch einen Suchenden und so fragte er den nackten König, was sein Herz von ihm begehre. Erneut erzählte Gilgamesch seine beschwerliche Geschichte und warum er ohne den Gedanken an die Unsterblichkeit weder recht leben, geschweige denn sterben möge. Warum, Gilgamesch, vermehrst du die Klage, der du aus Fleisch der Götter und Menschen so herrlich gestaltet bist, fragt der introvertierte Weise und gibt ihm dadurch zu verstehen, dass er weder ein Märtyrer des Geistes noch ein solcher der Triebe sei, sondern ein König, der von seinen wunderbaren Gaben selten oder wenn, den falschen Gebrauch mache. Und solange er kein Mitgefühl, keine Fürsorge für die Armen und die vom Leben benachteiligten Menschen seiner Stadt empfinde, könne er auch nicht darauf hoffen, sein eigenes Leid zu überwinden. Des Unsterblichen kurze Rede wird mit den Worten beschlossen, dass die Götter die Dauer des Lebens bestimmen, aber nie mitteilen, wann der Tod seine Rechte einfordert.

Doch am offensichtlichen Ende seiner Reise angekommen, gab Gilgamesch nicht so schnell auf und wollte von seinem Ahnen wissen, wie er denn der Unsterblichkeit teilhaftig wurde. Auch lernte Gilgamesch inzwischen, wie trügerisch weltliche Hoffnung sein konnte und ließ sich so gerne bei diesem Weisen nieder, der seine Zeit nicht damit verschwendete, Luftschlösser aus sinnlosen Erwartungen zu bauen. Dieser Mann hatte die flüchtige Natur des Lebens erkannt, weil er selbst – jenseits der Todeswasser – in der Wahrnehmung der Wahrheit lebte.

Ein Verborgenes, Gilgamesch, will ich dir eröffnen und der Götter Geheimnis will ich dir sagen, so begann Utnapischtim seine Geschichte. Er erzählte von der Reue der Götter über ihre verkommene Schöpfung und wie sie daraufhin beschlossen, eine verheerende und vernichtende Flut über die Menschheit kommen zu lassen. Einer der Götter allerdings zeigte Mitgefühl, sah die Ungerechtigkeit den Rechtschaffenen gegenüber und weihte Utnapischtim in deren Pläne ein. Eile war geboten, denn die Flut sollte diesmal nicht aus den nördlichen Bergen kommen, sondern von Süden her, als mächtige Flutwellen aus dem Meer, die schneller als Menschen rennen konnten und das ganze Land bis über die Berge hinaus überfluten würden. Also riet Ea, der Gott der Weisheit, das Haus abzureißen, um daraus ein Schiff zu bauen. Ein außergewöhnliches dazu: viereckig, wie ein perfekter Würfel sollte es sein, zwölf mal zwölf Ellen hoch die Außenwände, Kiel und Deck in denselben Maßen. Der Grundriss wurde auf allen sieben Geschossen neunfach aufgeteilt, so dass insgesamt 63 Kammern enstanden. Alles geschah, wie es Ea beschrieben hatte, und als bald darauf die Zeichen des Himmels erschienen, zog Utnapischtim mitsamt Familie, Hausgenossen und Kindern, mit Tieren des Feldes, des Waldes, der Steppe und der Luft, mit Pflanzensamen und Setzlingen sowie Nahrungsmitteln an Bord. Als letztes stießen die Meistersöhne dazu, denn Wissen, Handwerk und Kunst gehören ebenso zum Menschsein und sollten gerettet werden.

Stürme heulten fortwährend stärker über das Land, der Wind trieb die Wasser des Meeres zu immer höheren Wogen an, Dämme brachen unter der Gewalt der Fluten und im schwarzen Himmel entlud sich ein donnerndes und blitzendes Inferno, das Erde, Mensch und Tier zerbrechen ließ. Die tobende Flut entfesselte sich derart, dass selbst die Götter erzitterten und in den Himmel flohen. Indessen stiegen die Wasser unaufhaltsam und alles Leben versank in der Tiefe jenes Elementes, das einst Voraussetzung seiner Entstehung war. Nach sechs Tagen und sieben Nächten begann die Kraft des Orkans zu erlahmen, die Winde zogen sich zurück und es wurde ruhig und still über dem wässrigen Grab der ersten Menschheit.

Etwas Unheimliches und Undurchschaubares war geschehen. Als Utnapischtim Stunden später immer noch zutiefst erschüttert erstmals die Luke öffnete und Sonnenglut sein Gesicht erwärmte, löste sich alle Spannung auf und in seinen Tränen tanzte das gebrochene Licht in allen Farben des Regenbogens. Obwohl noch kein Land in Sicht war, keimte Hoffnung, die tags darauf weiter genährt wurde, als das Schiff krachend von einem felsigen Ausläufer des Berges Nissir erfasst wurde. Täglich sanken nun die Wasser und am siebten Tag ließ Utnapischtim eine Taube auffliegen, die jedoch am Abend erschöpft zurückkehrte. Genauso kehrte eine Schwalbe am nächsten Abend zurück, ohne einen Landeplatz gefunden zu haben. Als jedoch am dritten Tag der schwarze Rabe nicht wieder zum Schiff zurückkehrte, wussten alle, dass sie die Erde nochmals in ihren Schoß zurückgenommen hatte. Utnapischtim ließ Opferrauch aus Süßrohr, Zedernholz und Myrte zu seinen göttlichen Eltern emporsteigen, um ihnen für diese Errettung zu danken und um sie auch wieder in den Kreis der Erdenmenschen einzuladen. Der heilige Rauch erfüllte die Herzen der Götter mit großer Freude, denn auch für sie waren das unvergessliche Tage: zu schrecklich war die Flut, zu bitter ihr Gericht.

Entil allerdings, der Verursacher der Flut, geriet beim Anblick der Überlebenden augenblicklich in Zorn und begann sich mit den Göttern zu streiten, warum Sterbliche hätten überleben können. Ea gelang es, ihn schließlich zu beruhigen, indem er gestand, Utnapischtim durch einen Traum gewarnt zu haben, worauf der große Rachegott einsichtig wurde und Utnapischtim und seiner Frau den Segen gab. Seither hütet dieses unsterbliche Paar die Quelle des Lebens!

Als Utnapischtim seine Geschichte beendet hatte, schaute er auf, blickte Gilgamesch tief in die Augen und stellte ihm die alles entscheidende Frage: Wer aber wird dir die Götter versammeln? Und Utnapischtim wies ihn an, sechs Tage und sieben Nächte nicht mehr zu schlafen.

Was in der Geschichte über die große Flut als Vermutung zu keimen beginnt, wird durch diese Aussage vollends bestätigt: Utnapischtim ist weit mehr als ein gutmütiger, weiser, von den Göttern auserwählter Mann. Er ist ein Eingeweihter, ein Meister der Mysterien.

Die Zahlenangaben, die Kantenlänge und die Konstruktion des Schiffes erinnert uns nämlich weniger an ein seetüchtiges Gefährt, als vielmehr an eine Neuschaffung der Lebensformen. In den Verhältnissen der Zahlen zueinander kommt heilige Geometrie zum Vorschein. Das Schiff wird dadurch zu einem alchemistischen Symbol der Selbstoffenbarung einer neuen Welt. Der Geist der Natur bringt durch den Menschen immer wieder eine neue, feinere, differenzierte Ordnung hervor, welche wir intuitiv, sinnlich, emotional, intellektuell und spirituell nutzen können, um uns in den kreativen Prozess der Natur hineinzuleben. Die Natur teilt uns ihre Bedeutung durch das Bewusstsein mit, wodurch unser Geist und unsere Fantasie immer wieder zum Träger einer neu entstehenden Zeit- und Bewusstseinsepoche werden.

Wie Gilgamesch die Frage nach der eigenen Begrenzung verstehen lernt

Erstaunlich auch, wieviele Motive aus diesem ältesten Sintflutbericht in die spätere Geschichte von Noah einflossen; weit erstaunlicher jedoch – weil noch immer so aktuell wie an diesem frühen Morgen der Geschichte – Utnapischtims Frage: Wer aber wird nun dir die Götter versammeln, dass du das Leben findest, welches du suchst? Im Kontext einer Einweihung könnte die Prüfung auch lauten: Gilgamesch, du hast gegen Löwen und allerlei andere wilde Tiere der Steppe gekämpft, es gelang dir sogar, den Geist des Waldes zu erschlagen, doch kannst du auch gegen die Anmaßungen deines eigenen Geistes kämpfen? Bist du im Stande, deine eigene Lebenskraft zu kontrollieren, deinen Geist von den vertrauten Ebenen der Aufmerksamkeit, der sinnlichen Wahrnehmung zurückzuziehen, um dadurch deine Seele mit dem unendlichen, immer währenden Geist zu vereinen? Bist du also bereit, während sechs Tagen und sieben Nächten dich von deinen Gedanken, welche in deinem Geist allerhand Verwirrung angestiftet haben, zu befreien, indem du nichts anderes tust, als deinen Geist zu beobachten?

Scheint einfach zu sein. Ist es aber nicht. Indem Gilgamesch die Partnerschaft mit der Natur aufgebrochen hat, sie sich untertan machte, zog er auch das Bewusstsein, die Intelligenz und jeden Sinn aus der Natur ab, um all dies sich selbst, seinem Ich zuzusprechen.

Gilgameschs Ego hätte also ein Opfer bringen müssen, doch dazu war er weder fähig noch bereit. Ein mutiger Akt des Vertrauens und rückhaltlose Selbsterkenntnis wären nötig gewesen, diese Prüfung zu bestehen. Doch Gilgamesch war kein Vollender, sondern vielmehr ein Wegbereiter zu einem neuen Schauspiel.

So ging Utnapischtims entscheidende Frage an ihm vorüber, ohne ihn wirklich berührt zu haben. Gilgamesch legte sich von zunehmender Müdigkeit ermattet zu des Meisters Füßen. Die Zeit der Entscheidung war gekommen, schneller, als er gedacht hatte. Das konnte er noch fühlen. Abgesehen davon war sein Kopf völlig leer. Am Rande der Erschöpfung angekommen, schlief er augenblicklich ein.

Obschon Upnatischtim sich der Doppelbödigkeit der Frage durchaus bewusst war, reagierte er doch erstaunt, dass der große Held so schnell in den Armen der Träume Zuflucht fand. Er bat seine Gattin, jeden Tag am Haupt des Königs ein frisch gebackenes Brot niederzulegen, um ihm am Ende seines Schlafes Beweise für dessen Dauer vorlegen zu können.

Als Gilgamesch seine Augen öffnete, blieb er still liegen und versuchte, sich zu erinnern. Doch er vernahm nur das Echo von etwas Verschwundenem, das niemals wiederkehren würde. Und wie zu dessen Bestätigung wies ihn der Meister an, die Brote an seiner Seite zu zählen. Die trockenen, kaum noch genießbaren, zum Teil schon vom Pilz befallenen Brote machten ihm klar, dass er nicht nur einen kurzen Augenblick geschlafen hatte, sondern ebenso viele Tage und Nächte, wie er gebraucht hatte, um die Finsternis des Berges Mâschu zu durchschreiten. Verzweifelt erkannte er nun, dass er vergeblich den Ring des Todes durchbrach, um Unsterblichkeit zu erlangen. Dass zu viel Menschliches an ihm haftete, um nicht auch deren Schicksal teilen zu müssen. Erschüttert wandte er sich Utnapischtim zu: Wie soll ich handeln, wo soll ich hingehen? Gilgamesch konnte seinen Fuß im Leben nirgends mehr hinsetzen, ohne dass ihn der Tod erwartete, selbst in seinem Innersten und Intimsten.

Das jenseitige Land, diese vorgelagerte Insel der Ewigkeit, hatte Gilgamesch nicht angenommen. Überhaupt hätte er niemals hierher kommen dürfen, dachte Utnapischtim, spürte aber auch die überaus verständliche, menschliche Not in seinen Worten. Er wusste, welche Gefühle mit dieser Art Hilflosigkeit verbunden sind und dass Menschen, wenn sie glauben, nichts mehr ändern zu können, sich selbst leicht aufgeben. Seine eigene Erfahrung hatte Utnapischtim aber auch gelehrt, dass Menschen die entsetzlichsten Probleme, ja sogar die größte Katastrophe zu transzendieren vermögen, solange ein Rest Glaube daran vorhanden war, zu überleben oder die

Situation zu bewältigen. Da ist etwas, was du noch nicht sehen kannst, sagte Utnapischtim nach kurzem Schweigen und gab dem Fährmann Anweisungen, Gilgamesch zum Platz der Reinigung und Heilung zu führen. An diesem heiligen Ort innerhalb des Geistes konnte Gilgamesch endlich Altes, Überflüssiges loslassen und sich erneuern. Erstmals gelang es ihm, den Kern seiner Menschlichkeit zu ehren und die Macht der unsichtbaren Kräfte anzuerkennen. Als Symbol seiner wiedergewonnenen Würde, aber auch als Zeichen der Beendigung seiner Initiation erhielt Gilgamesch ein prächtiges Gewand.

Der Fährmann sollte ihn auf der Rückreise begleiten, durfte selber jedoch nie mehr zurückkehren. Er hatte seinen Anspruch, Fährmann der Todeswasser zu sein, verwirkt. Er wusste selbst, dass er gegen die Gesetze gehandelt hatte, und als er sah, dass Gilgamesch den Ansprüchen der Ewigkeit nicht standzuhalten vermochte, ahnte er bereits, was Utnapischtim tun musste. Er ging ohne Widerspruch und seither ist dieses letzte kleine Tor zur jenseitigen Welt für Menschen verschlossen.

Die beiden Männer standen am frühen Morgen bereits im Boot, als sich über dem schwimmenden Dunst der Bucht die Sonne erhob und die Gesichter Utnapischtims und seiner Frau in ein goldenes Strahlen verwandelte. Es schien Gilgamesch, als treffe inneres und äußeres Licht aufeinander, und dieses Bild trug dazu bei, seinen eng gewordenen Erwartungshorizont auf ungeahnte Weise zu erweitern. Erstmals begann er zu vermuten, dass sein Scheitern, unsterbliches Leben zu erlangen, nicht dem Schicksal zugeschrieben werden konnte, sondern der Zeit, die als Lebenszeit bereits hinter ihm lag. Welche

Umwege er auch immer unternahm, stets führte ihn etwas Namenloses wieder auf seinen vorgezeichneten Weg als König von Uruk zurück.

Doch seine gedankliche Meditation, in der er erstmals über seine Begrenzung reflektierte, wurde unterbrochen, als Utnapischtim durch das mitfühlende Drängen seiner Frau ihm unverhofft ein Geschenk anbot. Er nannte ihm eine Stelle in der Tiefe des Grundwassers, wo er ein wundersames Gewächs, dem Steckdorn ähnlich, finden würde, das ihn verjüngen und ihm ewiges Leben schenken könne. Und sofort war Gilgamesch wieder in seiner alten Gestalt da, als wäre nie etwas tief Greifendes geschehen. Ohne sich von seinen Ahnen zu verabschieden, zog er los, fand die genannte Stelle, grub einen tiefen Schacht, hängte Gewichte an seinen Körper, um schlussendlich in der Tiefe eines unterirdischen Sees jenes Gewächs zu finden, das ihm endgültig seine innere Unruhe nehmen sollte.

Nie mehr seit den Tagen mit Enkidu war Gilgamesch so glücklich gewesen. Seine Reise in die Unmöglichkeit, von Menschen und Götter gleichermaßen als vermessen beurteilt, war nicht umsonst gewesen. Seine Heimreise, seine Rückkehr in die Stadt konnte er jetzt gelassen angehen und er nahm sich vor, das magische Gewächs mit den Bewohner Uruks zu teilen. Schweigsam und leer der eine, weil er seine Berufung verloren hatte; schweigsam und erfüllt der andere, weil er sein Glück gefunden hatte, gingen Gilgamesch und der Fährmann nebeneinander her durch rauhe Berglandschaften und leere Steinwüsten. Nur der Wind vermochte zuweilen die Stille zu unterbrechen, wenn er wie ein zorniger Herausforderer durch die engen Schluchten fegte. Doch nur Augenblicke später zog er sich – seiner Aufmerksamkeit sicher – wieder zurück und die Stille konnte sich erneut ausbreiten. So erreichten sie zwei Tage später die Steppe und als Gilgamesch im Schatten eines Felsvorsprungs eine Quelle entdeckte, begann er zu rennen, riss sich sein kostbares Gewand vom Leibe, ließ den Beutel mit dem Zaubergewächs fallen und stürzte sich ins so wunderbar kühlende Wasser. Als er wieder auftauchte, um seinen Begleiter zu bitten, es ihm gleichzutun, wurde ihm plötzlich eiskalt. Völlig erstarrt und ohne jede Möglichkeit zu handeln, musste er ansehen, wie eine Schlange – wohl durch den Geruch angezogen – gerade noch die Reste der magischen Pflanze hinunterschluckte. Unmittelbar darauf warf sie ihre Haut ab und verschwand sichtlich verjüngt in der Tiefe der Quelle. Benommen streckte Gilgamesch seine Hand nach der leeren Haut aus, hob sie auf, starrte sie an: schwarz und braun lief ein schönes Muster über ihren Rücken, das er jedoch nur noch verschwommen wahrnahm. Er sank auf die Knie, weinte alle zerbrochenen Träume aus seinem Körper.

Erst jetzt ist Gilgamesch wieder endgültig im Diesseits. Und hier eröffnet sich ihm selbst eine große Frage: Für wen mühen sich meine Arme? Für wen verströmt mein Herzblut?

So groß der Schmerz über den Verlust der magischen Pflanze auch war, so sehr er zuerst darum kämpfte, erneut nach dem Gewächs zu suchen, so stark meldeten sich auch andere, neue, nie zuvor gehörte Stimmen. Sie verhalfen ihm dazu, im Verlust eine neue Freiheit des Geistes zu erkennen. Hier zeigt sich, wie jede Entdeckung auf einer Reise eine andere ermöglicht und wie dadurch ein Weg zu einer neuen Erfahrung des Bewusstseins werden kann. Bei Gilgamesch weckte dies erstmals die Empfindung, dass etwas in oder an ihm war, das über sein Ich-Bewusstsein, dem er bisher alles unterworfen hatte, weit hinausging. Es war ebenso geheimnisvoll und faszinierend wie seine jüngsten Erfahrungen: In der Finsternis des Berges Mâschu erlangte er eine Beziehung zu den Dingen seines Lebens; bei Utnapischtim erwachte das Bewusstsein für das Jenseits und hier an der Quelle erlebte Gilgamesch die Geburt seines Seelen-Bewusstseins. Nie schaute er während seiner Initiation zurück, sein Blick war stets nach vorn gerichtet, was ihm die Tore zum Unbewussten immer wieder von Neuem öffnete. Am Ende der Reise, nach allen Verlusten, blieb nur gerade das, was Geist und Seele mitnehmen können – sowie das Unbekannte und seine Beziehung zu ihm.

Gilgamesch ging noch einmal zur Quelle, beugte sich an deren Rand nieder und schaute auf die Oberfläche des ruhigen, klaren Wassers. Plötzlich zuckte er zusammen. Ihm war, als blickte jemand aus der Tiefe des kleines Sees direkt in seine Augen. Dieser nur kurze Eindruck war so tief, so weit, weil die Neugier seines nun ganz menschlichen Geistes gelernt hatte, seine Sterblichkeit anzunehmen.

Er versuchte erstmals im Spiegel der Natur zu erblicken, wie sein altes, festes, rigoroses Selbstbildnis allmählich durchlässig geworden war. Gilgamesch beginnt sich in dieser Schilderung der mythischen Erzählung auszudehnen. Seine Sinne erwachten und er fing an, die Sprache der Schönheit zu verstehen. Bilder seines Lebens tauchen auf, Bilder von Enkidu, seinem Zwillingsbruder. Und er erinnert sich, wie die Dinge seines Lebens menschlicher wurden, wenn er sie durch die Augen seines Freundes betrachtete. Auch, wie alles göttlich wurde, als er die Geheimnisse des Lebens durch die Augen seines unsterblichen Ahnen ansah. Doch jetzt, da er in die Augen seiner Zwillingsseele geschaut hat, entdeckt er seinen inneren, heiligen König und versteht, dass ihm seine Seele zu dem verholfen hat, was er schon immer war, sich jedoch weigerte, es auch tatsächlich zu sein.

In einem Zustand freudigen Staunens kehrte Gilgamesch zu seinem Gefährten zurück. Heiter und gelöst war die Atmosphäre bei ihrer anschließenden Mahlzeit, bevor sie das letzte Wegstück durch eine nicht allzu beschwerliche Gebirgslandschaft unter die Füße nahmen. Gilgameschs Geist war in hohem Maße inspiriert und wie ein Blatt im Wind flog er immer wieder durch eine Reihe ewiger Bilder. In dieser grenzenlosen Freiheit der Seele ließ er sich treiben, inspirieren und nähren, bis er sich am Ende nicht einmal mehr darüber wunderte, wie das Leben eigentlich durch jene Widersprüche gedieh, die es selber erzeugte. Er suchte nach Unsterblichkeit und musste entdecken, dass er den Tod nicht einfach wie den Himmelsstier erschlagen konnte. Er wollte sein Ich ins Grenzenlose erweitern und musste lernen, dass echte Individualität nur durch eine selbstbestimmte Begrenzung zu haben war. Und genau wie die Form aller Dinge nur durch deren Ränder sichtbar wird, wird die Grenze des menschlichen Seins durch den Tod bestimmt. All diese Begrenzungen führten Gilgamesch zu jeweils weiteren Einsichten und mit jeder neuen Einsicht überschritt er die ihm bekannte Welt in den Bereich des Unbekannten. Auf diese Weise erzeugte er gleichzeitig ein Gefäß für seine Seele. In diesem Leben entdeckt Gilgamesch letztlich das, was einmalig und unsterblich ist im Leben eines sterblichen Menschen.

Stunden später kehrten sie in die Stadt zurück. Stürmisch hießen deren Bewohner einen sichtlich veränderten Gilgamesch mit einem großen Fest willkommen. Durch das Akzeptieren von Begrenzungen fand Gilgamesch seine Seele, doch die Frage seines Ahnen blieb unbeantwortet: »Wer aber wird nun zu dir die Götter versammeln?«

Sechste Übung:

Feuer des göttlichen Eros – Eine Morgenmeditation

Sexuelles Feuer erzeugt den Menschen. Und ein inneres Feuer beseelt ihn. Diese beiden Feuer sind an ihrem Ursprung eins. Wir können dieses Feuer für unser Vergnügen aufzehren oder es in eine göttliche Kraft verwandeln. Um letzteres zu tun, stellen wir uns vor, dass wir tief in uns selbst herabsteigen. Wir lassen uns durch alle Schichten unserer Persönlichkeit fallen, um uns dem Innersten, dem Ort, an dem wir Friede, Stille und Liebe finden, anzunähern. Zu diesem Ort in Ihrem Herzen hat nicht einmal der geliebte Mensch Zugang, denn hier angelangt, sind Sie und Ihre Sehnsucht ganz unter sich: allein. Hier wird unser ganzes Sein vom Eros Gottes umfasst. In tiefstem Frieden verweilen wir im Zeit- und Namenlosen, geben uns der allumfassenden Geborgenheit hin und erfahren, wie Gott jene erneuern wird, in deren Herzen Liebe ist.

Heiter und gelassen mögen nun allerlei Gedanken, Erinnerungen und Empfindungen in Ihr Bewusstsein dringen. Stellen Sie sich nichts entgegen, lassen Sie stattdessen alles fließen und verschmelzen Sie Bilder, Gedanken und Gefühle mit der unendlichen Liebe Gottes, bis nichts mehr übrigbleibt als das leere Gefäß Ihres Geistes. Jetzt wird die Liebe Sie nicht nur umschließen, sondern in Sie eindringen, um Sie zu einem neuen Selbstanfang zu führen. Durch diese Initiative öffnen sich Ihre expressiven Schleusen und dann drücken Sie es nicht nur aus, sondern Sie werden zu einem lebendigen Zeichen der Selbstzündung. Sie leben in der Entflammung zur Aktivität, die Bewegung und Äußerung ist, oder wie Tagore es ausdrückte: »Gott respektiert mich, wenn ich arbeite. Aber er liebt mich, wenn ich singe.«

Wenn Sie den neuen Tag auf diese Weise willkommen heißen, werden Sie schon bald diesen Ort in Ihrem Herzen lieben lernen. Das Erkennen, die Liebe und Sie sind dann eins geworden.

5. Kapitel

ENTZWEIUNG IN DER ENGE

Wie zweierlei Denken vielerlei Köpfe hervorbringt und die Kultur in Europa Risse zu zeigen beginnt

Wertvoller als alle Schätze der alten Welt zeigt uns diese Betrachtung von Gilgameschs Seelengeschichte, was in einer Zeit ohne Gott, ohne ein absolutes Zentrum möglich ist, wenn der Horizont des Nichts sich vor dem eigenen Leben auftut. Die Entdeckung von Ego und Bewusstsein ließ Gilgamesch schon bald an übermäßigem Stolz zerbrechen. Vorübergehend trat er zurück – als König wie im wortwörtlichen Sinne. Dadurch entdeckte der stets vorwärts Strebende unter seinen Füßen eine andere, tiefere Geschichte, welche die Umwandlung seiner selbstbezogenen Haltung ermöglichte und ihn seine Seele finden ließ.

So wollen auch wir kurz innehalten, ein paar Schritte zurücktreten, um unseren Blick auf eine Geschichte freizumachen, die uns zu dem werden ließ, was wir heute sind. Gilgameschs Fragen wurden nämlich überall auf der Welt verstanden und Antworten folgten bald darauf in kurzen Abständen: aus Israel durch Mose, aus Indien durch die Veden, gefolgt von den Upanischaden und dem Buddha, um das 5. Jahrhundert v. Chr. von Konfuzius und Lao-Tse in China, Zarathustra in Persien und von Pythagoras, Aristoteles, Sokrates und Platon in Griechenland. Die biblischen Propheten sowie Jesus und im 5. Jahrhundert n. Chr. Mohammed rundeten ein beeindruckendes Programm universaler Erklärungen ab. Doch während viele Weisheitslehrer alle Aufmerksamkeit darauf richteten, die Persönlichkeit als Wahn zu entlarven, setzten andererseits zahlreiche Philosophen und Religionen alles zu deren Stützung und Stärkung ein.

Der geistige Blickwinkel oszillierte in den jeweils drei Jahrhunderten vor und nach unserer Zeitrechnung zwischen dem östlichen Mittelmeer, dem persischen Golf und dem Industal hin und her. In den Reichen und Stadtstaaten dieser Zeit ereigneten sich nahezu gleichzeitig geistige Durchbrüche, die von der Frage nach der Transzendenz und Immanenz dieser Welt getrieben waren. Doch diese Zentren des Transzendenzbewusstseins waren jeweils eine Welt in sich und noch keine Weltgeschichte im modernen Sinne. Dennoch hat der Philosoph Karl Jaspers im 19. Jahrhundert vorgeschlagen, Zeit und Raum dieser fern liegenden Epoche als eine Einheit zu begreifen, nämlich als *Achsenzeit,* wie er sagte, welche die gesamte Antike als Ganzes umfasste. Was nach dem 3. Jahrhundert n. Chr. einsetzte, war jedoch eine Teilung dieses damals schon weiten Raumes mit Philosophien, Lehren und Religionen, die von Zusammenstößen und Schismen geprägt waren, entstanden an den verschiedensten Orten und Kleinwelten, die wir als mittelalterliche Kulturen bezeichnen.

Zwei Meister der verschiedenen Denkungsart

Jede dieser Antworten verdient unsere Aufmerksamkeit und unseren Respekt. Wenn wir uns hier – entgegen dem Zeitgeist – der Geschichte des abendländischen Kreises zuwenden, so deshalb, weil es die *Kleinwelt* unter unseren eigenen Füßen ist. Also lassen wir uns erneut in die Zeit fallen, hinab ins 13. Jahrhundert, und schauen dem Dominikanermönch und Gelehrten Thomas von Aquin über die Schulter, wie er wieder einmal dabei ist, letzte Hand an sein Lebenswerk, die *Summa Theologica* zu legen. Bevor er mit der Niederschrift begann, arbeitete er sich durch alle verfügbaren christlichen und griechischen Texte, um diese beiden Weltbilder in ganzheitlicher Weise miteinander zu vereinigen. Ein in jeder Hinsicht gewagtes Unternehmen, hatte doch der Vatikan im Jahr 1263 das Studium des Aristoteles ausdrücklich verboten, weil die offenbarten christlichen Wahrheiten grundsätzlich unvereinbar erscheinen mit den sachlichen, kühlen und analytischen Wahrheiten des griechischen Philosophen. Doch Thomas von Aquin konnte nicht anders, es war seine Bestimmung, seine Berufung, diese Synthese zu wagen.

Als Sohn einer hochadligen Familie 1225 auf Schloss Rosecca unweit von Neapel geboren, sollte er nach den Wünschen seiner Eltern Abt des mächtigen Benediktiner-Ordens werden. Er jedoch zog es vor, in den Bettelorden der Dominikaner einzutreten, obwohl ihn seine Familie ein Jahr gefangen hielt, um ihn von dieser Verwegenheit abzubringen. Doch war er zu dieser Zeit bereits zu sehr ein Kind des neuen geistigen Aufbruchs in Europa. Auch weil die katholische Kirche damals im Zenith ihrer Macht stand, mag er den Dominikaner-Orden vorgezogen haben, weil dort nicht die Pflege der Macht, sondern die Pflege der Gelehrsamkeit im Dienste des Evangeliums im Vordergrund stand. Außerdem hatte nur eine Generation vor ihm Franz von Assisi in der natürlichen Welt ein Tor zur mystischen Freude aufgestoßen und so lag es nahe, einen neuen Dialog zwischen christlicher Offenbarung und der natürlichen Welt zu beginnen.

Thomas von Aquin konnte diese religiöse Annäherung an das Weltliche – verkörpert durch Aristoteles, dem überragenden Genie der klassischen Welt – wagen, weil er fest in seinem Glauben verankert war. »Unser Glaube kann, weil übervernünftig, nicht mit zwingenden Vernunftgründen bewiesen werden, er kann aber auch nicht, weil wahr und deshalb nicht widervernünftig, in keiner Weise durch zwingende Vernunftgründe umgestoßen werden«.[12] Damit war für ihn – im Gegensatz zu vielen älteren Kirchenvätern – die Welt nicht ein Jammertal der schweren Prüfungen, um sich sein spirituelles Schicksal im Jenseits zu verdienen, sondern ein Ort, an dem wir durch die Natur Gott nahe sein können. Genau wie uns, hat er auch der Natur das Leben geschenkt, also kann es Gott nicht um die Aufhebung der Natur gehen, sondern wohl eher um ihre Vervollkommnung durch den Menschen. Und so bildeten im thomistischen System Physik und Mathematik des Aristoteles das Gegengewicht zur Metaphysik und Theologie des Christentums.

Und das sah dann so aus: Aristoteles teilte das Universum in zwei Bereiche auf, wobei der Mond die entscheidende Trennlinie bildete. Unterhalb befand sich alles, was der Veränderung und der Sterblichkeit ausgesetzt war, wie auch all das, was die vier Elemente Feuer, Erde, Wasser und Luft hervorbrachten. Über dem Mond erhob sich der reine, vollkommene, unveränderliche Himmel, den sich Aristoteles als eine Reihe von ineinander geschmiegten, konzentrischen Hüllen vorstellte, deren Drehungen die Bewegungen der Sterne und Planeten ermöglichten. Natürlich waren diese Hüllen nicht sichtbar, denn sie bestanden aus einem kristallklaren Stoff, den er als Äther bezeichnete. Das ganze System wurde von einer Außenhülle – dem Primum Mobile – angetrieben. Auf diese Weise stand das ganze Universum miteinander in Beziehung. Von der Erde aus betrachtet, konnten alle Ereignisse so verstanden werden, als seien sie durch diese Hüllen direkt mit den Ereignissen im Himmel verbunden. Hier erleben wir nicht nur die Geburtsstunde der modernen Astrologie, sondern stehen auch einem System gegenüber, das von den höchsten Autoritäten der antiken und mittelalterlichen Welt inspiriert und getragen wurde.[13]

Wissenschaftlich untermauert und theologisch überhöht bot dieses mächtige zusammenhängende Verständnis des Kosmos den damaligen Menschen Sinn und Sicherheit. Die Erde und der Mensch waren darin Mittelpunkt und Zielursache eines göttlichen Plans.

Indem Thomas von Aquin die Wertschätzung der Natur, die Notwendigkeit der Sinneserfahrung für Erkenntnisse und die Achtung des Individuellen von Aristoteles übernahm und dies mit der moralischen und erlösenden Kraft des Christentums verband, entstand ein ganzheitliches Weltbild von unerhörter Güte. Gott hatte, so lautete die Botschaft, die Welt und den Menschen als ein Reich des Möglichen erschaffen, um die in uns und in der Natur vorhandenen Anlagen bis zu dem Punkt zu entfalten, an dem der Mensch ganz Mensch und Gott ganz Gott würde.

Ausgehend von dieser Synthese, begann Thomas von Aquin Wissen und Glauben neu zu ordnen. Dabei entstand ein monumentales Werk, welches seine kongeniale architektonische Entsprechung in den gotischen Kathedralen fand. Beide zelebrierten auf höchstem künstlerischen Niveau die Macht des Geistes über die materielle Welt und stellten eine sichtbare, gedanklich nachvollziehbare Verbindung des Menschen mit dem Überirdischen dar. So rückte ins Zentrum des Glaubens allmählich ein Schulungsweg des Denkens, der den geistig Strebenden stärken und in Einklang mit den Mysterien von Natur und Geist, Zeit und Ewigkeit, Mensch und Gott bringen sollte.

In der vereinenden Qualität und Vollendung von klassischer Weisheit und christlicher Offenbarung bildete das Werk dieses mittelalterlichen Gelehrtenmönches ohne jeden Zweifel den Höhepunkt des intellektuellen Christentums. Doch diese Ganzheit war nicht umsonst zu haben. Eingeständnisse waren unvermeidlich: Weil Thomas von Aquin in seiner *Summa* auch gewisse biblische Inhalte nicht mehr als absolute, sondern nur noch metaphorische Wahrheiten bezeichnete, bewirkte dieser Diskurs erste feine Risse im christlichen Glauben. Außerdem war der Rationalismus mitsamt den Werten, für die er stand, von höchster kirchlicher Autorität gedeckt, aber nur während befristeter Zeit. Denn kein rationaler Diskurs kann je ohne Folgen bleiben. Bei den Gebildeten begann der rationale Geist mehr und mehr ein selbst für die Kirche gefährliches Eigenleben zu führen, während die einfachen Menschen draußen im Land feststellten, dass die Vernunft zwar für Vielerlei nützlich sein konnte, doch keine Nahrung für die Seele bot.

Der ursprünglich mystische Impuls des frühen Christentums verwandelte sich unter Thomas von Aquin in eine universale Lehre, die durch ihre theologische und philosophische Komplexität die Gläubigen noch mehr in die Abhängigkeit der Priester trieb. Diese wiederum verloren durch institutionelle Krisen – zeitweilig musste der Papstsitz nach Avignion verlegt werden und später durch die peinliche Situation dreier gleichzeitig amtierender Päpste – zunehmend ihre Autorität. Außerdem war dem Glaubensvolk nicht nach gelehrten Reden über Seele und Gott zumute, sondern nach einer Erlösung, durch die Gott und Seele erfahrbar, dem Herzen zugänglich wurde. Der mystische Eifer, welcher bis spät ins 14. Jahrhundert weite Teile Europas erfasste, und die daraus entstehenden eschatologischen Bewegungen spielten sich zunehmend außerhalb der immer noch mächtigen, aber kompromittierten katholischen Kirche ab. Der führende Lehrer dieser neuen Ausrichtung des Geistes jedoch war ein ebenso genialer Mensch wie Thomas von Aquin. Nur eben im umgekehrten Sinn: während der eine das Göttliche mit immer mehr und klügeren Worten und Begriffen umklammert und dingfest zu machen suchte, legte der andere – Meister Eckhart – im Angesicht eines direkten mystischen Verhältnisses zu Gott die Gelehrtensprache als hohl und eitel bloß. Wie ein Mensch zu Gott findet, ist das zentrale Thema der Mystiker. Auf diesem Weg, so predigte nun Eckhart, ist nicht die Welt oder der Teufel, sondern der

Suchende selbst das Hindernis, welches es zu überwinden gilt.

Dabei deuteten weder Herkunft noch Ausbildung des Johannes Eckhart darauf hin, dass er zum Leitstern der spekulativen Mystik werden sollte. Aus einer ritterlichen Familie aus Hoheim stammend, trat er früh ins Dominikanerkloster zu Erfurt ein und begann, kaum 20-jährig, sein philosophisches Grundstudium an der Pariser Universität, wo nicht lang zuvor so bedeutende Ordensbrüder wie Albertus Magnus und Thomas von Aquin gelehrt hatten. Der junge Eckhart wurde also auf höchstem Niveau an die Geistesentwicklung seiner Zeit herangeführt und mit den Denkformen und Ausdrucksweisen des Hochmittelalters vertraut gemacht. Nach einem zusätzlichen Theologiestudium in Köln kehrte Eckhart wiederholt nach Paris zurück, um dort zu lehren. Dadurch erhielt er den Magister-Titel sowie später im Rheinland seinen populären Namen: Meister Eckhart.

Zeitlebens spürte er diese doppelte Notwendigkeit, als Gelehrter eine Lehre auszuarbeiten und als Mystiker zugleich ihre Verkörperung zu sein. Seine Mystik ist keine auf Angst begründete Weltflucht, sondern Verinnerlichung und Erleben der durch Thomas von Aquin begründeten Vorstellung einer Gottesgemeinschaft. Keine einzige Anspielung von jenseitiger zu diesseitiger Welt finden wir in seinem Werk, stattdessen ein ungewöhnliches Empfinden, eine ungetrübte, nicht gebrochene Weltliebe zur Schönheit der göttlichen Schöpfung, die nicht nur an sich, sondern in sich selbst lebenswert ist.

Aus dieser Sicht verwundert es nicht, dass Meister Eckhart die individuelle Seele näher mit Gott verbunden sah als Körper und Seele unter sich. Damit ist – und das ist von Bedeutung für uns – nicht der Mensch an sich, sondern seine Seele nach Gottes Ebenbild geschaffen: »Wenn man also fragt, wie groß die Seele sei, so soll man wissen, dass Himmel und Erde nicht auszufüllen vermögen ihre Größe, sondern nur Gott selbst.«[14]

Jetzt, mitten zwischen den zwei Polen der Mystik, Gott und Seele, kommen wir zum Grundton seines Anliegens, den er in seiner sprachgewaltigen und zutiefst geistigen Schau immer wieder aufs Neue moduliert: zur Gottesgeburt in der Seele. »Warum beten wir, warum fasten wir, warum tun wir alle gute Werke, warum sind wir getauft, warum ist Gott Mensch geworden? – ich antworte: Darum, damit Gott in der Seele geboren werde und die Seele wiederum in Gott.«[15]

Damit verschiebt er die Aufmerksamkeit weg von der äußeren Hoffnung, die in Selbstverbesserung oft genug nur persönliche Ziele verfolgt, hin nach innen auf eine Ethik des Seins. Wie aber gelangen wir zu unserem noch unerschaffenen Seelengrund, um dort die glühenden Funken zu einem göttlichen Feuer der Seele zu entfachen? Braucht es dazu die Abgeschiedenheit der klösterlichen Zelle? Nein oder allenfalls nur bedingt, meint Eckhart, denn »derlei kann der Mensch nicht dadurch lernen, dass er die Dinge flieht und sich von allem Äußeren in die Einsamkeit kehrt, sondern er muss eine innere Einsamkeit lernen, wo oder bei wem es auch sei«.[16]

Der verfehlte Dialog

So wie der Mensch als einzelnes Wesen geschaffen wurde, so findet er auch nur allein den unbekannten Gott, der in seinem Leben am Werk ist. Was er entdeckt, ist der ihm selber unbekannte Mensch, der er sein wird, wenn sein Denken, Wollen und Fühlen in innigster Weise mit Gott und Seele verbunden sind. Hier stehen wir dem Gotteserlebnis in einer Dichte und mit einem Glanz versehen gegenüber, wie das in der westlichen Kultur nur ganz selten geschah. Angesichts dessen und in Anbetracht der Selbstständigkeit und Selbstverantwortung, die Eckhart dem einzelnen Menschen zusprach, musste die offizielle Theologie – gefangen in erstarrten Disputen sowie inneren und äußeren Machtkämpfen – verstummen. Was sie natürlich nicht tat. Wenn Wort und Verstand in der Beziehung der Seele zu Gott ihre Bedeutung verlieren, werden auch Priester als Übermittler des geistlichen Lebens in Frage gestellt. Doch was sollte die Kirche dieser Bewegung entgegensetzen, durch die spirituelle Autonomie gelebt und praktiziert wurde und in der ein Leben der Entsagung und Bescheidenheit als der wahre Weg zur Gottesgeburt in der Seele gepriesen wurde.

Den Fragen angemessen wäre ein Dialog gewesen, der sich für beide Seiten als fruchtbar hätte erweisen können, doch stattdessen wurde Eckhart durch den Erzbischof von Köln der Häresie angeklagt.

Meister Eckhart stellte sich der Anklage, weil er Irrtümer – die im Verstand begründet sind – seinerseits nicht ausschloss, aber als Ketzer sah er sich nie. Er wurde im ersten Prozess freigesprochen, doch der dadurch gekränkte Erzbischof begann kurz danach im Geheimen neues Material gegen Eckhart zu sammeln und nur ein halbes Jahr später wurde ein zweites Verfahren gegen ihn eröffnet.

Der Mystiker aber musste den Ausgang dieses Prozesses nicht mehr miterleben. Das Schicksal bewahrte ihn davor. Zwei Jahre nach seinem Tod erst erschien dann die päpstliche Verurteilung mit dem für die Verfasser peinlichen Inhalt. Unvoreingenommen gab es natürlich einiges, was eine auf Autorität bedachte Kirche beanstanden konnte. Eine seiner Aussagen wollen wir mitnehmen, es ist Eckhart Vermächtnis für unsere Zeit: »Mitnichten sind die Menschen alle auf einen Weg zu Gott berufen. Ein jeder behalte seine gute Weise und beziehe alle anderen Weisen darin ein und ergreife in seiner Weise alles Gute und alle Weisen. Denn Gott hat der Menschen Heil nicht an irgendeine besondere Weise gebunden.«[17]

Bis zu diesem Zeitpunkt war die Kirche unumstrittenes Bindeglied in der Beziehung des Menschen zu Gott. Meister Eckhart dagegen hatte diese Beziehung privatisiert, durch seine Seelenlehre auch unmittelbar zugänglich gemacht und damit die institutionelle Kirche geschwächt. Wären die Menschen damals nicht so stark in ihrem christlichen, bibeltreuen Glauben verankert gewesen, hätten solche Spannungen und Widersprüche leicht zu einem Bruch der mittelalterlichen Kirche führen können. Doch dazu kam es nicht. Indessen, die Risse im einheitlichen Gefüge des christlichen Europa vertieften sich.

Siebte Übung:

Auf der Suche nach Einwohnung – Eine Abendmeditation

Kein Mensch, kein Lebewesen, das nicht lieber echtes Glück als Leiden hätte – und trotzdem ist niemand frei von Leiden. Die Ursache, sagen uns Buddhisten, liegt darin, dass die Natur des Leidens Irrtum ist. Und Irrtümer entstehen, wenn die Erkenntnisfähigkeit des ursprünglichen, ganzheitlichen Bewusstseins durch dualistische Projektionen verunreinigt wird. Vom ersten Moment der verlorenen Erkenntnis verursachen dualistische Projektionen ein anhaltendes Hin- und Hergerissensein zwischen Anziehung und Abscheu, Hoffnung und Furcht, Liebe und Hass. Daraus entwickeln sich die verzehrenden Gefühle von Verwirrung, Ärger, Stolz, Neid, Gier und Eifersucht, welche ihrerseits äußerliche Hindernisse wie Entzweiung, Streit und Krankheit entstehen lassen.

Ebenso wie wir einen Spiegel benutzen, um unser Gesicht zu sehen, ist die Visualisierung einer Göttin, sei es Shekina, Sophia oder Tara, ein Medium, um das wahre Gesicht unseres Eros, unserer Seele zu erblicken. Verwenden Sie also für Ihre Praxis einen Altar als Symbol und Konzentrationspunkt für Ihre Meditation. Durch regelmäßiges Ein- und Ausatmen reinigen Sie allmählich Ihren Geist. Aus dem sich öffnenden Raum der Leerheit beginnen Sie jetzt in Ihrer Vorstellung, aus einem strahlenden Lichtpunkt heraus eine Göttin aufzubauen. In ihrem Regenbogenkörper sitzt sie auf einer Mondscheibe ruhend Ihnen gegenüber und beginnt aus drei Brennpunkten unterhalb ihres Herzens fließende Wellen reinen Lichts auszuströmen. Sie spüren, wie Sie diese Lichtstrahlen an den Punkten Ihrer weltlichen Bestrebungen – Macht, Sexualität und Überlebenswillen – berühren. Und wie das Licht die giftigen Früchte dieser Bestrebungen zum Vorschein bringt, um sie danach wie Tau an der Morgensonne aufzulösen.

Bleiben Sie in diesem Raum, solange die Wechselwirkung anhält. Danach können Sie aus den vier Brennpunkten oberhalb Ihres Herzens das Regenbogenlicht empfangen, welches die Transzendierung des Egos in die Welt Ihrer Seele ermöglicht. Mitempfinden, Achtsamkeit, Weisheit und Hingebung lassen in Ihnen allmählich die Überzeugung aufsteigen, vollkommen gereinigt zu sein.

Abschließend können Sie rote Strahlen aus Ihrem Herzen in alle Richtungen ausströmen. Heilende Strahlen, die sich über Ihren Raum hinaus über alle verteilen, welche Sie mit Ihrer Liebe nähren wollen. Ziehen Sie nach einem Moment des Innehaltens das Licht wieder zurück. Doch jetzt nicht mehr in sich selbst als vielmehr in einem lichten Brückenschlag oder Bogen zum Herz der vorgestellten Göttin. Der Kreislauf ist nun geschlossen. Sie verabschieden sich von der Gestalt der Göttin und lassen nichts als ein helles Licht im Raum zurück.

6. Kapitel

ENTFLAMMUNG NEUER WELTEN

Wie Feuer und Bewegung den Menschen zu dem Bewusstsein brachten, dass Hoffnung und Verlust gleichermaßen zu seinem Schicksal gehören

Doch nicht nur das geistige Wächteramt der Kirche wurde zunehmend dürftiger, ihre intellektuelle Lauterkeit und ihre politische Haltung waren es nicht weniger. In der *Summa* hatte Thomas von Aquin dem naturwissenschaftlichen Denken von Aristoteles einen christlichen Rahmen gegeben, was die Kirche weitgehend akzeptierte. Als jedoch sichtbar wurde, dass dieses Denken nicht bei Aristoteles Halt machte, sondern sich auf das ganze Vermächtnis der Antike – von Vergil bis Platon – ausstreckte, verdammte die Kirche dieses neue Denken umgehend. Vergeblich, weil dieser auf- und ausbrechende Geist mit einer kulturellen Dynamik einherging, der neue Städte, Zünfte und Bünde, erste Parlamente, den internationalen Handel sowie neue Universitäten hervorbrachte. Das daraus resultierende neue Selbstbewusstsein der Menschen stellte sich noch nicht gegen den christlichen Glauben, wohl aber gegen die Bevormundung und den Absolutheitsanspruch der Kirche.

Klarster Ausdruck dieses neuen Geistes ist Giovanni Pico della Mirandolas Rede über die *Würde des Menschen,* die er – kaum 23-jährig – 1486 in Rom hielt. Vor Gelehrten aus ganz Europa, die er zu einer Diskussion über neue Thesen des Humanismus aus jüdischen, griechischen, lateinischen und arabischen Quellen eingeladen hatte, erzählte er eine neue Schöpfungsgeschichte, die sich aus eben diesen Quellen nährte. Nachdem Gott Himmel und Erde, »den heiligen Tempel seiner göttlichen Weisheit« geschaffen habe, erschuf er den Menschen, als Zeugen, Bewunderer und Liebhaber seines erhabenen Werks. Indessen, alle in der Antike damals gebräuchlichen Archetypen waren bereits vergeben, weshalb Adam von Gott mit folgenden Worten willkommen geheißen wurde:

»Keinen bestimmten Sitz, keine eigentliche Gestalt, kein besonderes Erbe haben wir dir, Adam, verliehen, damit du habest und besitzest, was du immer als Wohnung, als Gestalt, als Wesensausstattung dir wünschen mögest. Alle anderen Wesen in der Schöpfung haben wir bestimmten Gesetzen unterworfen. Du allein bist nirgends beengt und kannst dir nehmen und erwählen, das zu sein, was du nach deinem Willen beschließest zu sein. In die Mitte der Welt habe ich dich gestellt, damit du frei nach allen Seiten Umschau zu halten vermögest und erspähest, wo es dir behage. Nicht himmlisch, nicht irdisch, nicht sterblich und auch nicht unsterblich haben wir dich geschaffen. Denn du selbst sollst, nach deinem Willen und zu deiner Ehre, dein eigener Werkmeister und Bildner sein und dich aus dem Stoffe, der dir zusagt, formen. So steht es dir frei, auf die unterste Stufe der Tierwelt herabzusinken. Doch du kannst dich auch erheben zu den höchsten Sphären der Gottheit.«[18]

Platons Dialoge und die antiken Philosophieschulen, die Schöpfungsberichte der hebräischen Bibel, die Geheimnisse der jüdischen Mystik, sumerische und ägyptische Kosmologien hatten bei all ihrer Verschiedenheit doch etwas gemeinsam: Sie waren vom Dunkel der kirchlichen Vorstellung einer Erbsünde unberührt, wodurch nicht der gefallene Mensch im Vordergrund stand, sondern seine geistigen, künstlerischen und spirituellen Möglichkeiten. Eine bloß kleine Akzentverschiebung? Ihre Auswirkung war jedenfalls grundlegend. Hier wurde die Mythologie der *vorchristlichen* Kulturen als eigenständige Spiritualität, als Medium zur Vermittlung metaphysischer und psychischer Kenntnisse wieder entdeckt. Göttinnen und Götter der Griechen verwandelten sich in allegorienhafte Engel oder wurden wie Venus bei Sandro Botticelli zu einem Symbol universaler Schönheit. Eine neue Freiheit war dem Menschen gegeben worden und die daraus erwachsende Kraft der Selbstüberwindung brachte das kurze, aber langfristig alles verändernde Zeitalter der Renaissance hervor. Ein schöpferischer Genius beflügelte die Menschen in Italien über Grenzen hinweg. Sichtbarstes Zeichen der Epoche sollte bald die Entdeckung Amerikas durch Christoph Columbus im Jahre 1492 werden. So beflügelnd diese Entdeckung eines Doppelkontinents für viele war, so erschütternd war es letztlich auch für den christlichen Glauben, wie die kirchlichen Eliten merkten. Nichts weniger als Vollständigkeit hatte die *Summa* des Thomas von Aquin für sich beansprucht und nun tauchte ein neuer Kontinent mit hochentwickelten Kulturen auf. Dadurch wurde jene verhängnisvolle Unvollständigkeit des alten Weltbildes, die sich von der islamischen Welt her schon einmal angekündigt hatte, von Neuem sichtbar. Das wurde von den wachen Menschen dahin gehend verstanden, dass Wissen nicht so sehr als festes Gut betrachtet werden konnte, sondern vielmehr als ein Prozess, der sich das Unbekannte dieser Welt durch neue Fragen, Erfahrungen und Reflexionen anzueignen vermochte.

In der Renaissance schuf das Zusammentreffen von Kunst, Religion und Mythos mit dem sich befreienden rationalen Geist ein Momentum, welches das Bewusstsein erschütterte, sprengte und weitete. Ein wichtiger, wenn nicht sogar entscheidender Impuls kam von den Künstlern, welche durch die Entdeckung der perspektivischen Malerei das geometrische Verständnis für den Raum erheblich entwickelten. Das half später nicht nur Kopernikus, eine neue Kosmologie zu entwickeln, sondern führte auch zu einer Revolution des Sehens. Im zweidimensionalen Stil des Mittelalters wurden die geistlichen Hierarchien durch die Größe der Figuren vermittelt. Im dreidimensionalen Raum der perspektivischen Malerei dagegen haben Menschen, Engel und Christus die gleiche Größe und dadurch rückten die physischen auf Kosten der metaphysischen Beziehungen in den Vordergrund. Künstler wie Leonardo da Vinci richteten ihre Aufmerksamkeit vermehrt auf die Beschaffenheit des menschlichen Körpers. Doch während er Leichen sezierte, um Glieder und Muskeln in ihrer Tätigkeit besser verstehen zu können, hörten die Dinge dieser Welt auf, symbolische Darstellungen einer höheren Realität zu sein.

Bevor sich das auswirkte, schufen er, Raffael und Michelangelo Werke in einer nie zuvor gesehenen Schönheit und spirituellen Ausdruckskraft, die wir heute als Bilder der westlichen Seele anerkennen. Bilder einer erhabenen Gesinnung, voll Licht und Kraft, um in der Seele des Menschen die Sehnsucht zu entfachen, in eine göttliche Heimat zurückzukehren. Getragen von handwerklichem Können, ermöglichte der Anblick dieser Werke einen unmittelbaren Einblick in eine von Freundschaft und Schönheit geprägte Vorstellung eines goldenes Zeitalters. Ein Ebenbild Gottes zu werden, schien in dieser Zeit ein Ziel, das leicht und anmutig erreichbar war.

Das Leiden an der Kultur

Nördlich der Alpen entstanden zur selben Zeit ebenso bedeutsame Bilder, die jedoch einen entgegengesetzten Seelenzustand vermittelten: das Leiden. Die Farben dieser Werke von Matthias Grünewald und Hieronymus Bosch waren mehrheitlich kalt und düster, wie es eben den scheußlichen Gestalten entsprach, die gehörnt und gefiedert, tierähnlich, schleimig und giftig sich selbst und alles um sie herum in einem gewaltigen Sturm der Vernichtung zerstörten. Von diesen bildgewordenen Albträumen scheinen die namenlosen Kreaturen auf dem Weg zur Hölle nur Schuld, Scham und Tod zu hinterlassen. Alles wirkt pervertiert: Musikinstrumente verschlingen von Seuchen befallene Menschen, Licht spendende Laternen erweisen sich plötzlich als Gefängnisse. Ein Schlüssel – traditionelles Attribut und Symbol des Heiligen, um die Herzens- und Himmelstür zu öffnen – verwandelt sich in ein Folterinstrument. Satanische Vögel verschlingen Schuldige und scheiden Verdammte aus. Sinn und Unsinn sind in diesen Werken derart miteinander vermischt, dass sich am Ende die Natur ihrer Natürlichkeit beraubt, der Mensch seiner Würde, die Engel ihres Erbarmens. Mitten im Glanz der Renaissance öffnet sich ein Abgrund, deutlich als solcher sichtbar und gekennzeichnet.

Hungersnöte, Krieg, Pest und Tod im nördlichen, kalten Europa mögen die äußeren Auswirkungen der Erschütterungen gewesen sein, welche in diesen Bildern zum Ausdruck kommen. Die inneren Erschütterungen dagegen verursachten *Reformatoren*, unter ihnen Martin Luther, als er im Jahre 1517 seine 95 Thesen an die Kirchentür von Wittenberg schlug und damit ein weiteres Schisma innerhalb der Kirche auslöste. Die Alleinherrschaft der katholischen Kirche auf allen Gebieten des Geisteslebens war gebrochen, aber auch die politische und die kulturelle Einheit eines ganzen Kontinents erwies sich als höchst fragwürdig.

Unmittelbarer Anlass dieser konservativen Revolution war der Versuch der obersten Kirchenführung, den Petersdom mitsamt seinen prächtigen Kunstwerken durch Ablassbriefe zu finanzieren. Die tieferen Ursachen lagen jedoch in den politischen Verhältnissen.

In den nördlichen Ländern wurde der Bischof vom Kapitel der Diözese gewählt, welches sich aus Angehörigen des niederen Adels und aus Grundbesitzern zusammensetzte. Priester waren in diesen Provinz-Machtzirkeln, deren Mitglieder sich selbst von den Steuern befreiten, nur ganz selten vertreten und so wählte das Kapitel meist einen der ihren zum Bischof, egal, ob der nun zum Priester geweiht war oder nicht.

Zudem empfand Luther den griechisch-römischen Hintergrund der Renaissancekultur mit seiner Vorstellung einer Universalreligion und der Vergöttlichung des Menschen stets als eine Verwässerung des Christentums. Er wollte eine klare Trennung zwischen dem unergründlichen Willen Gottes und dem begrenzten Verstand des Menschen. Die antike Vorstellung, nach der die Natur vom göttlichen Geist durchdrungen und der Mensch ein Teil dieser Natur sei, wurde durch die Reformation abgelehnt. Luther interpretierte die in der Bibel von Gott gebotene Lehre in der mittelalterlich deutschen Sprache von *Herr und Untertan:* Der Mensch solle sich seine, wie die Übersetzung lautet, Erde untertan machen. Im Kosmos blieb nach seinem theologischen Verständnis der Mensch als einzig beseeltes Wesen übrig. Und das brachte nicht nur Luther selbst in große Not.

Martin Luthers Handeln war nicht Ausdruck eines systematischen, philosophischen Denkens, sondern speiste sich aus einer religiösen Not, die von einem starken Gefühl der Entfremdung Gott gegenüber geprägt war. Sünden betrachtete er so als Symptome einer Erkrankung der Seele, was nicht durch käuflichen Ablass erlangt, sondern allein durch die Vergebung Gottes geheilt werden konnte.

Ahnte er, dass die Ablassbriefe aus dem Christentum eine Religion der Sünde, Buße und Lossprechung machten, die zum Missbrauch geradezu einlud? Egal, wie oft und spektakulär einer gegen den christlichen Moralkodex verstieß – Ablassbriefe oder die mit den Sakramenten versehene Beichte ließen viele Menschen auf Erlösung hoffen. Zudem waren diese Briefe auch Ausdruck der Mittlerstellung zwischen Mensch und Gott, welche die katholische Kirche beanspruchte. Und diese begann nun Luther im Stile eines alttestamentarischen Propheten zu bekämpfen, weil er die spirituelle Kompetenz dem einzelnen Menschen zurückgeben wollte. Die religiöse Autorität verschob sich damit von der Domkirche ins persönliche Gewissen.

Das war damals für die Menschen – so plötzlich auf sich allein gestellt – eine erschütternde Überforderung. Tausende von Mönchen und Nonnen irrten auf den Wegen Europas umher. Ob sie den Büßerweg nach Santiago de Compostela unter die Füße nahmen oder sich einem apokalyptischen Wanderprediger wie Thomas Müntzer anschlossen – die bestehende Ordnung war zusammengebrochen. Viele erblickten in diesen Verhältnissen ein Zeichen für die Apokalypse und den Anbruch des tausendjährigen Reiches Christi.

Eine folgenreiche Entzweiung

Während in Rom, Florenz, Bologna und Venedig der Beginn eines neuen Zeitalters gefeiert wurde, in dem sich die Gegensätze Kunst und Forschung, Religion und Wissenschaft gegenseitig befruchteten und eine unerreichte Kulturblüte zur Folge hatten, versank das nördliche Europa in Endzeitstimmung. Thomas Morus, der 1510 das Leben des Pico della Mirandola gewürdigt hatte, träumte erstmals in der Geschichte Europas den Traum einer politischen Utopie.

Albrecht Dürers Holzschnitte dagegen illustrierten die apokalyptischen Offenbarungen des Johannes. Und etwas später schrieb William Shakespeare gewaltige Dramen, die sich in unzähligen Anspielungen auf die Gefahr beziehen, wenn langsam gewachsene Kulturen, politische und religiöse Hierarchien in Unordnung geraten oder zerstört werden.

Skeptisch und beseelt, neugierig der diesseitigen Welt zugetan, ohne die Fragen, welche die jenseitige Welt an das Leben stellt, außer Acht zu lassen, verlässt der Renaissance-Mensch langsam die enge Welt der traditionellen Religion. Und entdeckt dabei die *Würde des Menschen.* Gleichzeitig steht der Mensch der Reformation als ohnmächtiges Individuum, voll beladen mit Zweifel, Schuld- und Sündengefühlen einsam vor dem allmächtigen Gott und Richter seines Lebens. Größer könnten die Gegensätze nicht sein. Umso erstaunlicher, dass beide Bewegungen – ohne es zu wollen – auf das gleiche, zu dieser Zeit unsichtbare Ziel hinarbeiten: Die Geburt des neuen Menschen aus dem Geiste der Naturwissenschaften.

Der individualistische, kreative und rebellische Mensch der Renaissance trug dazu bei, indem er bisher akzeptierte Grenzen menschlicher Erkenntnis und Erfahrung hinterfragte und zu einem guten Teil aufhob.

Die Befreiung des Einzelnen aus alten Bindungen der allmächtigen Kirche bewirkte im leidenden, zersplitterten und radikalisierten Menschen der Reformationszeit eine neue spirituelle Suche, die jedoch ohne nährende Zeremonien, priesterliche Traditionen und die Autorität von Heiligen an charismatischer Kraft verlieren sollte. Die mittelalterliche Geborgenheit – in der Gott das Maß aller Dinge war – hinter sich lassend, wurde zu Beginn des 16. Jahrhunderts das eigene Selbst dem modernen Menschen zum Maß aller Dinge. Hier setzte ein Prozess ein, in dem der einzelne Mensch begann, sich selbst zu definieren und sich selbst zu bestimmen.

Für den gebildeten, am kulturellen und wirtschaftlichen Erfolg teilhabenden Renaissance-Menschen war das beinahe ein selbstverständlicher Befreiungsprozess. Indes, dem nördlichen Menschen der Reformation erschien es als eine Katastrophe. Woran sollte er sich überhaupt noch orientieren? Die Vernunft war für Luther eine *Teufelshure*; die Universitäten verurteilte er als Orte, an denen der blinde heidnische Meister Aristoteles regierte; die hieratische Trennung zwischen Klerus und Laientum schaffte er ab und an die Stelle der äußeren Kirche trat die *Priesterschaft aller Gläubigen.* Was blieb, war die Bibel. Lesend und glaubend ist das geoffenbarte Wort Gottes der einzige Weg zur Erlösung. Nur konnten zu dieser Zeit die wenigsten Menschen lesen und wurden – verunsichert wie sie waren – von charismatischen Predigern verführt, die ihre eigene Form des Glaubens als die allein selig machende Wahrheit verkündeten. Die Wirren in der mittelalterlichen Kirche und die machtpolitischen Instrumentierungen in diesem Ringen mündeten in den

Dreißigjährigen Krieg. Das kriegerische Geschehen, in hohem Maße auch von Söldnern geprägt, war gekennzeichnet durch Raub, Verwüstungen, Vergewaltigung und Mord. Beim Streit um den richtigen Glauben verloren die Menschen ihre Seele.

Die Reformation löste Entwicklungen aus, die ihrer ursprünglichen Absicht in keiner Weise entsprachen. Die sektenartige Zersplitterung der zuvor einheitlichen christlichen Kultur stärkte letztlich nicht den Menschen, sondern die Macht der noch jungen Staaten. Deren Nationalismus kamen die Ideale von Luther, Calvin und Zwingli entgegen. Arbeit, Ehe und Kindererziehung wurden als heilige Berufung gesehen, im Pflichtgefühl der Wille Gottes verwirklicht. Die neuen Staaten identifizierten sich vorerst mit der neuen Kirche, doch früher oder später musste im Verhältnis zwischen den staatlichen und kirchlichen Kräften die trennende Spaltung Wirkung zeigen. Daraus entwickelte sich allmählich die religiöse Toleranz und schließlich die spirituelle Gleichgültigkeit.

Kaum besser halten sich unterdessen die Verhältnisse in der katholischen Kirche. Die Renaissance-Päpste waren dermaßen mit den künstlerischen Projekten ihrer Zeit verbunden und engagiert, dass – weil ja auch noch Kreuzzüge und allerlei politische Intrigen bewältigt werden mussten – für die kirchliche Arbeit und geistliche Führung kaum noch Zeit übrig blieb. Der damit verbundene moralische Niedergang der Kirche hatte auch im Süden Europas bizarre Sektenbildungen zur Folge! Von der Kirche allein gelassen, zusätzlich von der Pest heimgesucht, die ein Drittel der Bevölkerung dahinraffte und in manchen Gegenden die über Generationen gewachsene soziale und ökonomische Struktur fast gänzlich zerstörte, suchten damals nicht wenige Verzweifelte ausgerechnet beim Teufel nach Hilfe. Satansmessen, Totentänze auf Friedhöfen und Schwarze Magie warfen ein gespenstisch flackerndes Licht auf die schillernde Weltenpracht der Renaissance.

Als im Norden Luther seine 95 Thesen an das Kirchenportal schlug, empfand das die römische Kirchenführung zuerst als ein kleines Aufbegehren eines zu kurz gekommenen Provinzmönches. Was wollte ein Einzelner schon gegen die 1000-jährige Kirchentradition ausrichten? Erst drei Jahre danach – nachdem die revolutionären Ideen der Reformatoren durch die Erfindung der Druckerpresse überall bekannt wurden – erhielt Luther ein päpstliches Schreiben, worin ihm die Verbannung aus der Kirche angedroht wurde. Doch Luther weigerte sich nicht nur zu widerrufen, sondern verbrannte – auch als Protest gegen die korrupte Kirchenführung – den Brief des Papstes in aller Öffentlichkeit. Erst Mitte des 16. Jahrhunderts beim Konzil von Trient fand die katholische Kirche die Kraft wieder, sich dem inneren Niedergang zu stellen, und beschloss Reformen. Dazu gehörten die Reaktivierung der Inquisition, die Gründung des Jesuiten-Ordens und die Ausweitung der Missionsarbeit auf außereuropäische Kulturen.

7. Kapitel

DER NEUZEITLICHE WEG IN DIE DOPPELWAHRHEITEN

Warum es wichtig ist, vor dem Bruch in der Zivilisation nicht die Augen zu verschließen, sondern sich über dessen Konstellation klarer zu werden

Die Welt war allmählich bereit für neue Wahrheiten. Und wir treten dadurch in eine neue Geschichte, noch dazu eine sehr spannende. Denn es ist zutiefst unsere Geschichte. Sie beginnt mit einer neuen, unsere eigene Zeit berührenden Wahrheit. Jedoch wurde diese Wahrheit nicht von einem Philosophen ausgedacht oder von einem Priester theologisch aus der Bibel abgeleitet, ja sie wurde nicht einmal auf Erden entdeckt. Sie wurde gesehen. Von einem einzelnen Menschen. Im Himmel.

Genauer gesagt: im Nachthimmel. Als im Jahr 1609 Galileo Galilei eines der ersten, noch mit ziemlich roh geschliffenen Gläser versehene Fernrohr auf den Mond richtete, traf ihn förmlich der Blitz. Was er sah, hatte überhaupt nichts mit dem zu tun, was die größten Autoritäten der Theologie, Kunst und Wissenschaft während tausend Jahren als absolute Wahrheit betrachtet hatten.

Noch Dante bezeichnete in seiner *Göttlichen Komödie* den Mond als Perle, was er nicht etwa als poetisch-metaphorische Umschreibung des nächtlichen Gestirns verstand, sondern als eine durch Aristoteles und die Kirche autorisierte wissenschaftliche Wahrheit. Der Mond war die Trennlinie zwischen der veränderlichen, unreinen und sterblichen Welt und dem unveränderlichen, perfekten Himmel, dessen kristallene Sphären den Engeln, Erzengeln und Cherubinen zugeordnet waren. Doch von diesem beseelten, von lebensspendenden Engeln bevölkerten Kosmos konnte Galilei nichts sehen. Auch transzendente Lichtpunkte aus reiner Materie gerieten nicht ins Visier des Teleskops. Stattdessen sah er einen Mond mit Bergen und schroffen, bizarren Tälern. Wir wissen inzwischen, dass er unserer Erde erstaunlich ähnlich sieht.

Kein neues Gestirn, sondern eine neue Sicht auf das eigene Gestirn

Die neue Sicht auf ein Gestirn entflammte Galileis Leidenschaft für den kühlen Nachthimmel. Er kannte – wie alle anderen Astronomen seiner Zeit – Sonne, Mond, fünf Planeten und eine genaue Anzahl Sterne als Grundbestand des Kosmos. Daran hatte sich seit den Sumerern nichts geändert. Gilgameschs Nachkommen gründeten das erste Sternenlabor der Menschheit und brachten Maß und Ordnung in den Sternenhimmel, indem sie den Tierkreis in 30-Grad-Segmente unterteilten und mit den noch heute bekannten Symbolen bezeichneten. Ihren Priesterastronomen, die über Generationen hinweg riesige Mengen an Daten sammelten, gelangen erstaunlich präzise Voraussagen über Sonnenfinsternisse. Furcht und Angst hatten die alten Sumerer und Babylonier zu diesen Forschungen getrieben. Ihre astronomischen Texte sind voll von bedrohlichen Himmelswahrsagungen und Hinweisen, mit welcher magischen Praxis diese Schrecken abgewehrt werden können. Aber – und das ist erstaunlich: eine Tiefendimension hatte der sumerische Kosmos nicht. Die Gestirne nahmen die Sumerer nicht als physische Körper im Raum wahr, sondern als unperspektivisch flache Lichtpunkte auf einem platten Firmament.

Erst im 5. Jahrhundert v. Chr. erkannten die griechischen Philosophen Anaxagoras und Empedokles das Firmament als Vollkugel, woraus sie schlossen, dass die Sterne nach dem Untergang ihre Bahn unter der Erde fortsetzten. Also musste die Erde im Raum schweben. Das Christentum führte später solche Überlegungen nicht weiter, sondern pflegte eher eine große und gewiss auch ergreifende Ehrfurcht vor Gottes Sternenzelt, das so unerklärlich ist wie die Grenzen der Vorstellungskraft.

Doch derlei Gedanken und Gefühle beeindruckten Galilei und viele Zeitgenossen wenig. Was diesen praktischen Mann dagegen ärgerte, waren die Universitätsprofessoren, welche zwar die heliozentrische Theorie des Nikolaus Kopernikus kannten, aber immer noch am organischen, aristotelischen Universum festhielten. Nacht für Nacht suchte Galilei mit seinem *Zauberstab* den Himmel ab, drang immer tiefer in ein Universum ein, von dem er allmählich begriff, dass es größer, majestätischer, aber auch unpersönlicher war, als sich dies bisher jemand hätte vorstellen können. Nie zuvor hat ein Mensch die Milchstraße anders als mit bloßem Auge gesehen und mehr darin erblickt, als ein etwas nebliges Schimmern. Durch die Technik wurden und werden bis heute Millionen nie zuvor gesehener Sterne sichtbar. Diese Entdeckung Galileis vergrößerte das bisher bekannte Universum auf einen Schlag ganz entscheidend. Als er danach die vier den Jupiter umkreisenden Monde entdeckte, war für ihn auch klar denkbar, dass das Gleiche ebenso für die Erde und ihren Mond möglich wäre. Zwar bewiesen ihm die Jupitermonde nicht, dass sich das System um eine Sonne drehte, aber sie machten erstmals schmerzhaft verständlich, dass die Erde nicht mehr länger das absolute Zentrum war, wie dies Aristoteles und die Kirchen behaupteten. Schließlich gelang Galilei durch die Entdeckung, dass die Venus – wie der Mond – Phasen aufweist, der Beweis dafür, dass immerhin ein Planet die Sonne umkreiste. Die beschreibende, logisch-sprachliche Methode der aristotelischen Wissenschaft begann sich allmählich in einer den Gelehrten der Zeit entgegengesetzten Weise zu enthüllen. Sie konnte nicht mehr dazu dienen, die Macht der quantitativen Messung und Experimente, die jeder mit geeigneten Instrumenten überprüfen konnte, zu widerlegen.

Diese Entdeckungen entfesselten den universalen Geist der Renaissance vollends. Um noch tiefer in die mathematischen Gesetze der Natur eindringen zu können, wurden Teleskoplinsen, ein geometrischer Kompass, Luftthermometer, eine erste hydrostatische Waage und sogar ein Mikroskop entwickelt.

All diese neuen technischen Instrumente erlaubten nicht nur neue Experimente mit der Schwerkraft und den Gesetzen der Bewegung, sondern waren die Instrumente jener Wissenschaft, durch welche die moderne Welt erfunden werden sollte.

Als Galilei seine Beobachtungen, Entdeckungen und Schlussfolgerungen unter dem Titel *Botschafter der Sterne* veröffentlichte, reagierte die gebildete, liberal eingestellte Gesellschaft der italienischen Spätrenaissance äußerst enthusiastisch. In den wissenschaftlichen Kreisen ganz Europas herrschte nicht der geringste Zweifel über die sensationelle Bedeutung und Wirkung dieses Werkes. Und Galilei selbst schätzte sein Werk und den Erfolg genauso ich- und selbstbezogen ein wie ehedem Gilgamesch, als er den Geist des Waldes erschlug. In den Worten Galileis: »Die Autorität von Tausenden gilt in der Wissenschaft nichts gegen den Funken Verstand eines Einzigen.«[19]

Diese anmaßende Provokation verfehlte ihre Wirkung nicht. Der liberale Zeitgeist wich unter der stets wachsenden Bedeutung des Protestantismus im Norden Europas dem konservativen Geist der katholischen Gegenreformation. Kam hinzu, dass die Jesuiten schnell verstanden, welche Folgen diese Entdeckungen, so sie denn wahr sein sollten, für das christliche Weltbild haben würden. Weil sie ihn in der Sprache der Logik nicht widerlegen konnten, empfahlen die Jesuiten dem damaligen Papst Urban III., gegen Galilei das Gerichtsverfahren der Inquisition zu eröffnen. Obwohl als Kardinal noch Freund und Förderer Galileis, hatte er jetzt keine andere Möglichkeit, als über dieses erste Genie der neuen Zeit den Bann zu legen und ihn einzukerkern. Seine Schriften wurden verboten und als der wegen Ketzerei Verurteilte, der unsere Sicht der Dinge so entscheidend veränderte und erweiterte, erblindet im Gefängnis starb, schien für die Kirche das Problem gelöst zu sein. Doch das Todesjahr Galileis, 1642, war zugleich das Geburtsjahr eines weiteren wissenschaftlichen Genies: Isaac Newton.

Als das Denken aus der Religion auszog

Mit Galilei hatte das unabhängige intellektuelle Denken die Religion verlassen. Und schon in diesem frühen Stadium führte dieses Wissen zu Erkenntnissen über Wahrheit, welche die Seele der nachkommenden Menschen beinahe zerreißen sollte. Am Ende seines Lebens stand für Galilei fest, Gott müsse zwei Bücher geschrieben haben: eines für den Menschen, über seine Herkunft, seine Möglichkeiten, seine Bestimmung und ein zweites über die Natur und ihre Ordnung. Letzteres konnte nur in der Sprache der Mathematik geschrieben worden sein. Galileis Zeitgenosse, der Astronom und Mathematiker Johannes Kepler: »Geometrie existierte vor der Schöpfung, sie ist ebenso ewig wie der Plan Gottes selbst. Die Geometrie lieferte Gott ein Modell für die Schöpfung. Wo also Materie ist, da ist auch Geometrie.« Und wie Kepler weiterschrieb: »Es ist absolut notwendig, dass das Werk eines solchen vollkommenen Schöpfers von größter Schönheit ist.«[20]

Die Mathematisierung der Natur war mit Gestalten wie Kepler und Galilei eingeleitet. Darüber hinaus wurden nun erste Prinzipien der neuen Wissenschaft und Grundlagen der experimentellen Physik entwickelt. Damit stand die Seele des Menschen indessen auch vor schwerwiegenden Fragen: Können wir, wenn die Planeten erdähnliche Eigenschaften haben und die Erde selbst ein Planet unter vielen ist, noch an der Unterscheidung zwischen Himmel und Erde festhalten? Und wo ist Gott in diesem Universum?

Isaac Newton nahm sich dieser Fragen an, mehr noch: sie standen wohl zeitlebens im Zentrum seines Denkens. Das mag überraschen, wo doch viele in Newton nur den Wissenschaftler, den Architekten eines kalten, unpersönlichen, gott- und grenzenlosen Universums sehen. Nur, was wir heute als sein wissenschaftliches Vermächtnis betrachten, war für ihn selber Frucht ungeteilter, universaler Weltsicht, eben Philosophie! Newton verwandte nur einen Teil seiner schöpferischen Kräfte auf die Erforschung der Naturordnung. Über 300 Jahre haben seine Biographen und Chronisten jedoch Newton als einen idealtypischen *Wissenschaftler* herausgeputzt und beharrlich verschwiegen, dass er ebenso Magier wie Mathematiker, Alchemist wie Physiker war und sich selbst ebenso religiös wie wissenschaftlich verstanden hatte. Newton war in der neuen Zeit der letzte Grenzgänger, der mühelos und ohne gläserne Zäune wahrnehmend zwischen den Welten verkehren und vermitteln wollte. So gewann er seine anfängliche Arbeitshypothese einer universellen Gravitationskraft aus der alchemistischen Überzeugung, dass zwischen allen Elementen Kräfte der Sympathie und Antipathie wirken. Dieser Gedanke aus der Welt der Magie brachte Newton auf die richtige Spur, um dann, in eleganten Schritten, einleuchtende, in sich begründete Naturgesetze für die Wissenschaft abzuleiten. Ohne jeden Zweifel bilden diese

Gesetze, welche Himmel und Erde verbinden und den ganzen Kosmos beherrschen, eine der großen Leistungen menschlicher Vorstellungskraft. Umso ehrfürchtiger vernehmen wir, dass Newton in derselben Zeit auch Hebräisch lernte, um die Wahrheiten der Heiligen Schrift in der Originalsprache besser verstehen zu können. Außerdem verfasste er ein umfangreiches Werk über die Gesetze und Geheimnisse der Alchemie.

Dieses sich gegenseitig bedingende Zusammenwirken von hermetischen Traditionen und neuer Wissenschaft finden wir seit der Renaissance bei nahezu allen Geburtshelfern der modernen Zeit.

Kopernikus und Kepler folgten der pythagoräischen Zahlenmystik, um ihre Erkenntnisse zu initiieren. Paracelsus folgte der Alchemie, Giordano Bruno und Galilei waren von neuplatonischer Mystik ausgegangen. Roger Bacon kannte beides, Astrologie und Alchemie. René Descartes, der erste moderne Philosoph, war Mitglied des Rosenkreuzer-Ordens. Es scheint, als seien all die großen Pioniere durch dieses Band eines universalen Verständnisses miteinander verbunden gewesen. Newton war der letzte Magier unter den Wissenschaftlern. Nach ihm wurde dieses Band zerrissen. Von seinen eigenen Erkenntnissen.

Als er jene Kraft entdeckte, die sowohl den Apfel vom Baum fallen lässt, als auch die Planeten in ihrer Umlaufbahn um die Sonne hält, hatten die Gestirne aufgehört, Symbole einer kosmischen Intelligenz zu sein. Das universelle Gesetz der Schwerkraft, welches Newton mit der

Erfindung der Differential- und Integralrechnung entwickelte, machte aus den Planeten erdähnliche Körper, die im berechenbaren Zustand eines mechanischen Gleichgewichts ihre Bahn im Kosmos verfolgten. Das beseelte Himmelszelt wurde zu einem neutralen, materiellen Kosmos, der jede Mystik und Spiritualität als menschliche Projektion erscheinen ließ. Die Deutungshoheit über den Himmel ging jetzt von den Priestern auf die Physiker über, während die esoterischen Traditionen in den kulturellen Untergrund abgedrängt wurden. Und genau zu diesem Zeitpunkt erreichte die christliche Musik mit Bach und Händel ihre höchste und ergreifendste Vollendung.

Die wissenschaftlichen Pioniere waren zu sehr in ihre wahrhaft revolutionären Entdeckungen verstrickt, um auch noch gleichzeitig darüber zu reflektieren, was diese neuen, von ihnen selbst geschaffenen Paradigmen für Religion, Magie, Kunst und vor allem für den Menschen selbst bedeuteten.

Das 17. Jahrhunderts sah alte Weltbilder zusammenbrechen, herausragende geistliche und philosophische Autoritäten verstummen und kulturelle Traditionen vergehen, während die unerwarteten Entdeckungen von Kepler, Galilei und Newton die Menschen ebenso fasziniert wie orientierungslos zurückließen. Keiner fühlte dies tiefer und bedrohlicher als René Descartes, ein gläubiger Jesuitenschüler und Zeitgenosse Galileis und Newtons. Ausgehend von der erschreckenden Tatsache, dass die Strukturen des Geistes nicht mehr mit denjenigen der Natur übereinstimmten, machte er sich auf die Suche nach Möglichkeiten sicherer Erkenntnis. Skeptisch und mit der präzisen Logik eines Mathematikers wollte er als Gewissheit nur akzeptieren, was der Verstand klar und frei von inneren Widersprüchen annehmen konnte. Am Ende dieser hartnäckigen Gelehrtenarbeit hatte für ihn die Welt aufgehört, als Einheit zu existieren. Im Denken Descartes' war durchaus noch Platz für den Gottesgedanken, doch Gott selber hatte keinen Platz mehr im modernen, mathematisch geordneten Universum. Was *oben* im Himmel und *unten* in der Hölle war, dafür gab es jetzt keine natürlichen Entsprechungen mehr. Und einmal eingetaucht in diesen Prozess des Zweifelns, der alles und jedes methodisch in Frage stellte, blieb am Ende für Descartes nur eine Tatsache bestehen: »Ich denke, also bin ich.« Es war die Tatsache des eigenen zweifelnden Ichs, die Wahrnehmung seines eigenen Lebens.

Diese letzte Wahrheit eines rational denkenden Menschen, die eigene Wahrnehmung abseits allen Wissens und aller Erkenntnis zu setzen, bereitete der Seele einen für den Menschen grausamen Riss. Hier war unsere spirituelle Veranlagung mit der neuen, von der Wissenschaft enthüllten Welt unvereinbar geworden. Gefühl, Empfindung und sinnliche Gewissheit wurden für ein rationales Verstehen der Wahrheit bedeutungslos. Wie der Geist und das Gewissen gehörten sie fortan als subjektive Erfahrung zur menschlichen Innenwelt, während der Körper und die als Objekt wahrnehmbare Welt, von den Pflanzen bis zu den Sternen, zur völlig andersartigen Außenwelt gehörten. In dieser Deklaration des modernen Selbst wird Gott in den äußersten Zipfel des Universums und die Seele in den innersten Winkel des Menschen abgeschoben. Gott und die Seele sind fortan aus der objektiven Welt verbannt. Wahrheit und Sinn, Ethik und Recht, Körper und Seele, kurz, alles Lebendige hatte sich der Macht der Entzweiung zu beugen. Das Ich des neuen, wissenschaftlichen Menschen setzte sich von allem Anfang an in Widerspruch zu allen damals tradierten Werten, zu allen geistigen und kulturellen Autoritäten, zur Natur und zu Gott. Diese Entzweiung ermöglichte die triumphale Entwicklung der Naturwissenschaften, aber sie bewirkte auch die Tragik des zeitgenössischen Menschen. Er findet sich in dieser entzauberten Welt als einsames, abgespaltenes Individuum wieder, das sich immer schneller neu bestimmen und neu erschaffen muss, um nicht im Strudel der Sinnlosigkeit fortgerissen zu werden.

Der Schock wirkte tief und grundlegend. So wurde er zuerst einmal verdrängt. Statt die entzweite Seele zu betrauern, wurde jetzt der entfesselte Verstand gefeiert. Wenn dieser Verstand schon fähig war, die der Natur und dem Universum zu Grunde liegende Logik zu begreifen, könnte es ja möglich sein, sich selbst, ja die ganze Gesellschaft zu selbstständiger Reife zu führen. Die Lektionen der wissenschaftlichen Genies des 17. Jahrhunderts wurden daher dankbar angenommen und im 18. Jahrhundert auf alle menschlichen Aspekte ausgeweitet. Besonders spektakulär und handfest geriet nun die Umsetzung der Naturwissenschaft in Technik. Fahrenheit erfand das Quecksilberthermometer, seit Lavoisier wissen wir, dass Luft aus Sauerstoff und Wasserstoff besteht, und James Watt erfand die Dampfmaschine. Denise Diderot fügte alles Wissen dieser Zeit erstmals in der *Encyclopédie* zusammen; Voltaire entwickelte unsere Vorstellung von religiöser und politischer Freiheit und Adam Smith wies den Weg in die liberale Gesellschaft. Eine neue Blüte der Kunst setzte ein, Mozart schuf die herrlichste Musik auf Erden, Haydn, selbst Beethoven schrieben ihre Musik in diesem grandiosen Jahrhundert eines neuen Aufbruchs. Dichter wie Lessing und Goethe, William Blake und Wordsworth verhalfen in ihren Werken der individuellen Seele dank ihrer neuen Rechte und Möglichkeiten zu hohem Ansehen. Die moralische Selbstverantwortlichkeit im Spannungsfeld von Ethik und Politik ließ ein Jahrhundert im Zeichen des Fortschritts unerhört rasant und schnell aufblühen.

Versuche, einen neuen Anlauf zu nehmen und sich selbst zu gewinnen

Wenig überraschend ist es deshalb, dass noch im selben Jahrhundert die ersten Reaktionen gegen den neuen Rationalismus erfolgten. Erste dissonante Töne gegen den Optimismus und Rationalismus kamen von Rousseau. Der in der Schweiz geborene Philosoph nahm in seinen Romanen, philosophischen Texten und vor allem in seiner Biographie resolut Stellung für eine neue Spiritualität, wobei er besonders die Bedeutung des Gefühlslebens hervorhob. Er machte klar, dass sich der Rationalismus letztlich gegen alles *natürlich* Gegebene des Empfindens wenden wird, gegen Gott und die Unsterblichkeit, gegen Liebe und Mitgefühl, und dadurch eine Gesellschaft hervorbringen würde, die von einem kalten Materialismus und Atheismus geprägt sein würde. Diese Angst teilten schon zu Rousseaus Zeiten viele Menschen und mit seiner Maxime *Zurück zur Natur* fand er für diese Sehnsucht bis in unsere Gegenwart hinein ein nachhaltiges Echo. Diese Losung sagt, dass ein richtiges, erfülltes, gelingendes Leben auch dann möglich ist, wenn die gesellschaftlich dominanten Kräfte nicht dafür sprechen. Um von der gesellschaftlichen Lüge zur individuellen Wahrheit zu gelangen, müsste man – so Rousseau – zu sich selbst kommen. Allerdings dachte er nie daran, sich selbst darauf vorzubereiten, um sich in seinem Innersten zu empfangen. Warum auch, wo er sich das Selbst als einen ruhenden Pol vorstellte, in dem man Zuflucht vor den Täuschungen und der Arglist dieser Welt finden würde. Schon bald jedoch musste er hilflos feststellen, dass man sich auf diesem Weg nach Innen in neue Zwei-, ja sogar Mehrdeutigkeiten verwickeln konnte. Statt den ersehnten Rückhalt schickt uns das Selbst auf eine neue Reise. Rousseaus Tragik bestand trotz aller Bedeutung, die er für das moderne Geistesleben hatte, darin, dass er auf dem Weg in sein Inneres irgendwo entschwunden ist. Jedoch: Die Tatsache, dass Rousseau in spirituellen Fragen den Gefühlen mehr vertraute als dem Verstand, hatte Einfluss auf das Denken seiner Zeit.

Der Königsberger Philosoph Immanuel Kant gab seinem Werk des Denkens den Titel »Kritik der reinen Vernunft«. Kant bestätigte zwar die Annahme der Naturwissenschaft von einer engen Beziehung zwischen Geist und Natur, doch er schränkte ein, dass wir Menschen die objektive Wirklichkeit nur so weit erfassen können, wie sie mit den Strukturen unseres Geistes übereinstimmen. Zu dieser grandiosen Erkenntnis gelangte Kant, indem er die Bedingungen unserer sinnlichen Wahrnehmung als ein Ereignis erkannte, das durch räumliche und zeitliche Relationen strukturiert und vorgeordnet wird. Zeit und Raum sind erste gültige Ordnungsprinzipien unseres Geistes. Sie wiederum strukturieren durch das Gesetz der Kausalität die Kategorien unseres Verstehens. Mit anderen Worten: Das Gesetz von Ursache und Wirkung leiten wir nicht aus unseren Beobachtungen ab, sondern unsere Beobachtungen werden durch dieses Gesetz erst zu einem sinnvollen Satz, zu vernünftiger Aussage des Geistes strukturiert. Ohne diesen, dem Geist vorausgehenden Bezugsrahmen würden wir nur eine unendliche Vielfalt an Dingen wahrnehmen, ohne dass der Geist fähig wäre, auch nur etwas in der Welt zu begreifen. Die Ordnung, die wir in den Erscheinungen der Natur wahrnehmen, ist demnach nicht die Ordnung der Natur, sondern die Ordnung in unserem Geist.

Die Wirklichkeit, die wir *draußen* in der Welt, im Kosmos, in Menschen, Tieren, Pflanzen und Mineralien wahrnehmen, ist nicht die Wirklichkeit all dieser Erscheinungen der Natur, sondern nur die Wirklichkeit unseres Geistes. Die Fragen der Wissenschaft haben demnach denselben Ursprung wie ihre Antworten: Unser Intellekt kann nur Fragen beantworten, die er selber stellt.

Durch diese epochale Erkenntnis bestätigte Kant einerseits die Allgemeingültigkeit der Wissenschaft, beschränkte indessen ihre Kompetenz auf die Erscheinungen der Natur. Mit ihrem arroganten Anspruch, gültige Aussagen über die gesamte Wirklichkeit für sich zu beansprüchen, sind die Wissenschaftler durch Kant entschieden in Grenzen verwiesen worden – ethisch wie erkenntnistheoretisch.

Vielleicht ist dieser Aspekt in Kants Erkenntnissen der Anlass für die Bemerkung Einsteins, Kant sei der einzige Philosoph, der einem Naturwissenschaftler etwas zu sagen habe.

Aber auch uns Suchenden des 21. Jahrhunderts hat dieser intellektuelle Meister, dessen Erkenntnisse weit hinausweisen, Wertvolles zu sagen. Nicht nur, weil wir kosmologische und metaphysische Weltsysteme als fantastische Produkte unseres Geistes erkennen, sondern auch, weil Spiritualität in der Struktur unseres eigenen Lebens verankert werden kann. Damit wird die innere Erfahrung der einzelnen Seele zur ebenbürtigen Grundlage in einer universalen Sinngebung. Dogmas, Kirchen und Gurus mögen darin miteifern, aber Autorität steht ihnen hier nicht zu. Jede moderne Form geistiger Selbstsuche wird ohne äußeren Halt, ohne Fixierung auf institutionelle Hierarchien auskommen müssen. Spirituelle Bestätigung kann uns letztlich weder die Welt noch der Verstand geben.

Die Erkenntnisse über die Möglichkeiten und Begrenzungen unserer theoretischen Erkenntnisfähigkeiten machten seit Kant aber auch zwei unterschiedliche Strömungen bewusst, die seit der Renaissance die europäische Kultur prägten. Die eine ging aus der Verbindung von rationalem Geist und experimenteller Wissenschaft hervor, führte zu wissenschaftlicher Revolution und gesellschaftspolitisch begriffener Aufklärung. Diese wird heute als Prozess der zunehmenden Säkularisierung bezeichnet. Die Wurzeln der anderen Strömung dagegen reichen tiefer, sind vielschichtiger, beschäftigen sich seit jeher mit der menschlichen Erfahrung und verdichten sich zunehmend zu einer großen gemeinsamen Geschichte unserer Seele. Sie fand ihren Ausdruck in den geistigen Bestrebungen des Thomas von Aquin, in den mystischen Tiefen Meister Eckharts, im spirituellen Ausdruck der Musik Bachs, in der emotionalen Tiefe Rousseaus. Wir finden diese Strömung nach Kant in der künstlerischen Kreativität der Romantik. Mit Gefühl und Fantasie, nicht mit Verstand und Wahrnehmung näherten sich die Romantiker der Wirklichkeit. Entsprechend hatte diese Wirklichkeit nicht einen beweisbaren, sondern einen symbolischen Charakter, der sich aus mehrschichtigen Bedeutungen, ja selbst aus Gegensätzen zusammensetzt. Das bescherte uns durch Novalis, Heine und Baudelaire, John Keats, Edgar Allan Poe und Percy Shelley einige der schönsten und berührendsten Dichtungen, aber auch tiefe Einblicke in die dunkle Seite des Innenlebens: Dämonisches und Irrationales, Stimmungen, innere Konflikte, Begierden, Albträume und der Tod wurden durch die Werke der Romantiker als Schattenseiten des Lebens ins moderne Bewusstsein gebracht.

Das romantische Gefühl, Philosophie in Poesie zu verwandeln, erzählte nicht nur von tieferen Wirklichkeiten, die der Vernunft nicht zugänglich sind, sondern brachte auch Maßstäbe und Werte hervor, die sich für die Entwicklung des westlichen Geisteslebens als sehr fruchtbar erweisen sollten. Shelley schrieb 1821 in seinem damals vielbeachteten Aufsatz *Zur Verteidigung der Poesie,* dass die Vernunft allein den menschlichen Fortschritt nicht herbeiführen könne. Zwar seien wissenschaftliche und technische Fortschritte ohne Ethik möglich, niemals jedoch gesellschaftliche. Und falls sich die Wissenschaft anmaßen sollte, eine Ethik vorzugeben, etwa indem sie die moralische durch eine soziale Erneuerung ersetzen wolle, führe dies unweigerlich in ein Desaster. Allein durch die poetische Imagination werde das Gemüt für moralischen Anstand empfänglich und so sei der gesellschaftliche Fortschritt eine Aufgabe des Herzens und nicht des zersetzenden Verstandes.

Noch bemerkenswerter ist der Umstand, dass der seit langem ins Jenseits projizierte Gott eine Wiederauferstehung in der Seele des Menschen feierte: Nicht mehr als Patriarch, sondern als weibliche Gottheit, als Mystik der Natur, als Götter des kosmischen Prozesses. Mysterienreligionen, Naturkulte, mittelalterliche Christologien, selbst die Gnostik hielten erneut Einzug. Doch letztlich war dies nur ein Reflex gegen die Aufklärung und das neue Saeculum. Die Romantik – wenn sie von Bedeutung war – konnte aber dem weltlichen Zeitgeist nicht entrinnen und so fand sie vorwiegend in der Kunst ihr neues Medium. Das theologische Rätsel der Gnade säkularisierte sich ins künstlerische Mysterium der Inspiration, während sich der Mensch vom passiven Beobachter zum aktiven Mitschöpfer neuer Welten entwickelte.

Eine davon wurde zum ganz großen Geschenk des 18. Jahrhunderts an die Menschheit, nämlich der Roman. Frankreichs Victor Hugo, Russlands Puschkin, Deutschlands Goethe und Spaniens Cervantes schufen im Roman dem Prozess der Seele ein neues Medium, das tief und komplex genug war, Ideale vorzustellen, der Welt Ordnung und Sinn zu geben, persönliche Identität zu stiften und gleichzeitig den Charakter des modernen Lebens in seiner alltäglichen Wirklichkeit zu reflektieren. Diese großen Geister spürten selbst als erste, dass die alten Geschichten von Transzendenz und mythischer Kraft ihre Bedeutung für den zeitgenössischen Menschen weitgehend verloren hatten, wussten aber auch, dass Menschen ohne solche vielschichtigen Geschichten, die dem Leben Kontinuität und Sinnhaftigkeit geben, leicht in Konfusionen aller Art gerieten. Sollten die Menschen am Ende sogar davon überzeugt sein, hier auf dieser Welt gäbe es ohnehin nichts zu suchen? Solchem Irrtum wirkte der Roman entgegen, indem er die Verwirrung, Unentschlossenheit und naive Subjektivität der modernen Menschen in allen Variationen darstellte und damit auch eine kulturelle Gegenposition gegen das sich immer stärker auswirkende wissenschaftliche Weltbild aufbaute.

Über dem Abgrund balancieren

Obwohl also ein zusammenhängendes Weltbild zu dieser Zeit bereits unmöglich war, konnte sich der Mensch noch immer auf seine Einzigartigkeit, auf sein gottgewolltes Dasein, auf den göttlichen Funken in seiner sich ihrer selbst bewussten Seele berufen. Aber genau diese Gewissheiten wurden durch die Entdeckung der Tiefenzeit, der unermesslich langen Vorgeschichte unserer Erde, und der Evolutionstheorie, die Charles Darwin 1859 veröffentlichte, zutiefst erschüttert und infrage gestellt. Kaum hatten sich die Menschen von den Auswirkungen der ersten wissenschaftlichen Revolution erholt, galt es schon wieder, selbstgemachte, Trost spendende Vorstellungen zu verabschieden.

Noch im 17. Jahrhundert ging man davon aus, dass die Erde kaum älter als 6000 Jahre alt sein könne. Eine für den Menschen sehr schmeichelhafte Annahme, denn was dürfte dem Ego angemessener erschienen sein als die Vorstellung, die noch junge Erde so kurz nach ihrer Erschaffung seinem Willen zu unterwerfen? James Hutton, Geologe und einer der Entdecker der Tiefenzeit, begann, wie er selbst sagte, mit der Erde zu sprechen. Sie belehrte ihn, welche Prozesse sie in Millionen von Jahren vollzogen habe, bevor überhaupt biologisches Leben möglich wurde. Zeiträume erschlossen sich ihm, die unserem Verständnis von Zeit so fremd sind, dass wir sie nur symbolisch begreifen können. Diesbezüglich unübertroffen ist der Vergleich von John Mc Phee: »Wenn man sich die Erdgeschichte als das alte englische *Yard* vorstellt, das heißt als die Entfernung zwischen der Nase des Königs und der Spitze seiner ausgestreckten Hand, dann würde eine Nagelfeile am Mittelfinger des Königs mit einem einzigen Strich die ganze Menschheitsgeschichte in Staub zerfallen lassen.«[21] Schon allein diese zeitliche Begrenzung schränkte die Bedeutung des Menschen ein. Das lag so sehr auf der Hand wie die Frage, die sich Darwin angesichts der Unermesslichkeit der vergangenen Zeit stellte: Wie es die Natur geschafft habe, so viele Formen des Lebens hervorzubringen, die so wunderbar an ihre Umgebung angepasst sind? Und so fand er auf seinen Forschungsreisen überzeugende Beweise, dass die Vielfalt der Lebensformen nicht eine zufällige Angelegenheit sei, sondern durch eine natürliche Anpassung und Auslese bestimmt sei. Jede Verbesserung der Überlebensfähigkeit führte zu besseren Möglichkeiten der Fortpflanzung. Gene von erfolgreichen Eltern werden dadurch öfter an die nächste Generation weitergegeben und helfen dieser, noch erfolgreicher zu werden.

Die tiefe Zeit beinhaltet Millionen von Jahren, während derer die Evolution von einfachen und einzigartigen zu komplexen und vielfältigen Formen voranschritt. Abgesehen von den zufälligen Möglichkeiten einer Mutation vollzieht sich dieser komplexe organische Prozess in der gebotenen Zeit nach allgemeinen Gesetzmäßigkeiten. Und in diese natürliche Welt – daran ließ Darwin keinen Zweifel – sind auch wir Menschen eingebunden.

Newton öffnete die unendlichen Räume des Schweigens außerhalb unserer Erde. James Hutton und Charles Darwin erschlossen die unendliche Zeit vor unserer Entstehung. Schwindel erregende, schaurige Abgründe jenseits aller menschlichen Vorstellungskraft ließen für das Empfinden vieler Menschen wenig Hoffnung übrig, nicht vollkommen in Raum und Zeit verloren zu sein. Die abgründige Bedeutung seiner Arbeit für den Menschen sah Darwin indessen sehr genau: »Ich fühle zutiefst, dass das ganze Thema für den menschlichen Intellekt zu umfassend ist. Ebenso könnte ein Hund über den Geist Newtons nachdenken. Soll jeder Mensch hoffen und glauben, was er kann.«[22]

Keine wissenschaftliche Erkenntnis erschütterte Kirchen und Menschen stärker als die Vorstellung, nicht mehr nach dem Bilde Gottes geschaffen worden zu sein, kein Kind Gottes mehr, sondern wie alle anderen Lebewesen nur noch die Folge eines Evolutionsprozesses zu sein, den zu überblicken kein Mensch im Stande ist. Beide Kirchen reagierten unverzüglich ablehnend, ja sogar feindselig auf die Veröffentlichung von Darwins Erkenntnissen und zogen sich, anstelle einer Auseinandersetzung, auf alte theologische Positionen zurück. Doch wie die Menschen ihre Würde trotz dieser wissenschaftlichen Erniedrigungen weiterhin aufrecht erhalten sollen und können, diese Frage beantworteten sie durch den Geist der Reaktion nicht.

Nietzsche wollte dieses *verdrießliche Hin- und Hergeschiebe von Gedanken durch das theologische Pack* nicht mehr länger ertragen. Für ihn stand seit Kant ohnehin fest, dass weder Wissenschaft, Philosophie noch Religion Beweise für die Existenz einer göttlichen Wirklichkeit vorlegen konnten. Zudem lies Darwins Evolutionstheorie die Kluft zwischen Wissenschaft und Religion als so endgültig unüberwindbar erscheinen, dass jede Annäherung aussichtslos erschien. Nietzsche fand also gegen Ende des 19. Jahrhunderts eine Welt vor, in der sich das Jenseits verflüchtigt hatte und das Diesseits zu einer praktischen Aufgabe und Angelegenheit geworden war. Zwar gab es für den Einzelnen zahlreiche Perspektiven, verschiedene Interpretationen der Wirklichkeit, aber keine festen Gewissheiten. Im alltäglichen Leben lief das schon damals auf die Entscheidung hinaus, sich entweder einen festen Platz in der Welt zu erkämpfen oder außerhalb dieser nach einer geoffenbarten Wahrheit zu suchen. Beides zu bekommen war nicht möglich. Nietzsche entschied sich für die Auseinandersetzung mit der Wahrheit, gab seine Professur in Basel auf und zog nach Sils-Maria ins Engadin. Entsprechend klang seine Maxime: »Philosophie, wie ich sie bisher verstanden und gelebt habe, ist das freiwillige Leben in Eis und Hochgebirge.«

Nietzsches Geste ahmt die eines mythischen Helden nach. Er sucht sich verzweifelt der Totalität des Lebens zu stellen. Im Innern des Menschen selbst ist für ihn ein Weg angelegt, der in der Überwindung des alten, kläglichen, beschränkten Ichs zur Gestaltung eines neuen, anderen Selbst führt. Der Mensch war für ihn also kein Ziel, sondern vielmehr eine Brücke zu neuen Horizonten des Bewusstseins, insofern er bereit war, sich selbst neu zu erschaffen. Für einen modernen Philosophen alles andere als selbstverständlich, ging er voran und schuf sein neues Selbst in der philosophischen Dichtung des Zarathustra. Nur schlich sich im Verlaufe dieses heroischen Selbstversuches eine bodenlose Tragik ein: Am Ende gelangte Nietzsches Zarathustra nicht ins Licht, sondern wurde selbst zu einem Lichtbringer. Folglich wurde er auch nicht durch eine Wahrheit erleuchtet, die er nun mit anderen Menschen teilen könnte, nein, er entwickelte sich selbst zu einer Verkörperung der Wahrheit, die andere erleuchten sollte. Indem er versuchte, sich selbst nach einem bestimmten Bilde zu formen, geriet seine Selbstfindung zu einer Selbsterfindung. Was Nietzsche mit dem *Übermenschen* Zarathustra hervorbrachte, wollte er auch als Philosoph sein. Doch dieses geschaffene Selbst, das sich über alles Menschliche und Natürliche hinwegsetzte, wurde für sein wahres Selbst zu einer zunehmenden Bedrohung.

Zum einen begann der Kampf, den er gegen die nunmehr verlogenen Ideale der Philosophie, Religion und die Moral führte, an seinen Kräften zu zehren, zum andern geriet er durch seine Selbsthervorbringung in eine unbeschreibliche Einsamkeit. Und er, der zeitlebens ohne jede Rücksicht bestehende Werte zertrümmerte, fiel am Ende einem alten Kutscherpferd, dem die erlittenen Demütigungen in den Körper geschrieben waren, weinend um den Hals. In einem unheimlichen, letztlich wohl aber unausweichlichen Dämmerzustand verharrte er danach zwölf Jahre, ehe ihn der Tod an der Jahrhundertwende erlöste.

Zufall oder nicht: In Nietzsches persönlicher Tragik sollte sich die gesellschaftliche Tragik des 20. Jahrhunderts widerspiegeln. Das hat diese Gestalt wohl für viele Zeitgenossen so bedeutungsvoll erscheinen lassen. Sein Thema war die Auflösung gewachsener Kulturen: Wie sich dadurch Weltbetrachtungen, Gesellschaftsordnungen und natürlich sämtliche Moralvorstellungen zu relativieren begannen, bis nichts mehr bestand, woran zu glauben sich lohnte. Im schwarzen Loch des Nihilismus ging der Mensch durch Selbstbetrug, Triebe, Süchte, Irrtum und Leidenschaft auf dem Weg ins Nichts hinaus verloren.

Die Wahrheit war einsam geworden. Und vor uns steht ein Jahrhundert, dessen Bedeutung an seinem Ende noch völlig offen ist, das aber an seinem Anfang ohne jedes verlässliche Fundament war.

Paradox genug: Je mehr der moderne Mensch in die Geheimnisse der Natur eindringt, um sie zu kontrollieren, um sich von ihrer Macht zu befreien, desto stärker binden ihn die Erkenntnisse seiner eigenen Wissenschaft wieder in die Natur ein. Alle von Galilei, Newton, Descartes, Kant, Darwin, Marx und Freud entdeckten Prinzipien schränkten unsere Willens- und Geistesfreiheit immer mehr ein. Unser Denken – soviel wird jetzt klar – ist bestimmt, strukturiert und auf vielfältige Weise beeinflusst von angeborenen, jedoch nicht absoluten geistigen Kategorien, von der Kultur, sozialen Klasse, von Gefühlen, Empfindungen und allerlei hellen und dunklen Fantasien, deren Ursache in der unendlichen Tiefe der Zeit liegen. Ließ sich unter solchen Umständen noch ein irgendwie geartetes Gottesbild überhaupt aufrecht erhalten? Freuds Antwort: »Es gibt hier keinen Rat, der für alle taugt; ein jeder muss selbst versuchen, auf welche besondere Fasson er selig werden kann.«[23]

Die Traurigkeit in der europäischen Seele wurde offenkundig. Zugleich aber offenbarten die Entdeckungen Freuds die Bedeutung frühkindlicher Erfahrungen für das Erwachsenenleben; die psychologische Bedeutung von Träumen, Mythologien, Symbolen und Fantasien; die Mechanismen der Projektion und Verdrängung sowie Neurosen rund um die Sexualität. Dadurch wurde die Psychoanalyse zum eigentlichen Höhepunkt der Aufklärung.

Doch in diesem Jahrhundert ging Europa durch zwei Weltkriege, die von seinem eigenen Machtstreben entfacht worden waren, in Flammen auf. Mit der geballten Kraft einer rationalen, industriellen Logik wurde durch Fern- und Maschinenkraft ein nie gesehenes Inferno entfesselt, das seinerseits nur durch einen faustischen Pakt beendet wurde: durch den Pakt von Politik und Naturwissenschaften zur Entwicklung der Atombombe. Die Chiffren dieses Grauens werden uns zunehmend bewusster: Auschwitz und Hiroshima. Der Holocaust als Verbrechen gegen die Menschlichkeit bringt uns auf schmerzvolle Weise das schwarze Herz der wissenschaftlichen Zivilisation zu Bewusstsein. Der Stolz einer aufgeklärten Gesellschaft wurde darin zu einem unkontrollierbaren Instrumentarium des menschlichen Zerstörungswillens. *Über dem Abgrund balancieren,* wie ein Überlebender der Zeit es uns als Zeuge vermittelt, wenn er diese Konstellation der Schoa als Zivilisationsbruch erinnert.[24] Nach dem Glauben an die Religion ging auch der Glaube an die Wissenschaft verloren.

Diese Geschichte, die Welt und den Platz des Menschen darin zu verstehen, ist unser zivilisatorisches, aber auch zutiefst menschliches Erbe. Wir können anerkennen, dass die Wissenschaft letztlich triumphiert hat. Dabei ging uns allerdings jede glaubwürdige Weisheit und Moral verloren. Wenn wir uns heute trotzdem entscheiden, im Selbstversuch einen spirituellen Weg zu gehen, müssen wir ohne Unterstützung einer metaphysischen Rechtfertigung auskommen. Wir wissen jetzt, wie unentbehrlich Wissenschaft und Weisheit einander sein sollten, aber wir wissen auch, dass der Weg zur Weisheit immer ein spekulativer sein wird.

Vor diesem Hintergrund eines kosmischen Exils leben wir seither ein Leben, dessen Bedeutung offen und unsicher ist.

Achte Übung:

Eros in der Natur –
Eine von Neuem aufzunehmende Verbindung

Das ist die Geschichte von einem Farmer, der sehr viel Land sein Eigen nannte. Tiere und Vögel hielt er von seinem Getreide fern, indem er Fallen und Zäune aufstellte. Er war damit sehr erfolgreich, wurde aber gleichzeitig auch sehr einsam. Daher stellte er sich eines Tages mitten auf die Felder, um die Tiere zu begrüssen. Dort stand er nun vom Morgengrauen bis zur Abenddämmerung, streckte die Arme aus und rief nach ihnen. Aber kein einziges Tier noch sonst eine Kreatur erschien, denn sie alle hatten furchtbare Angst vor des Farmers neuer Vogelscheuche.

Um die Tiere, die Kräfte der Natur, wieder in unser Herz einzuladen, müssen wir die Arme herunternehmen, uns ins duftende Gras setzen, um das gelbe Licht der Sonne in unser Innerstes strömen zu lassen. So aufgewärmt, senden wir danach dieses gelbe Licht in alle Welt aus, um es gestärkt durch die Erdelemente der Mineralien, Kristalle und Berge wieder zur Stärkung unserer Erdelemente Körper, Haut und Knochen zu empfangen.

Das blaue Licht des Himmels senden wir als nächstes aus. Es wird sich an Flüssen, Seen und in den Meeren stärken und uns daran erinnern, dass es auch unsere körpereigenen Säfte und Flüssigkeiten stärken kann.

Nun senden wir das rote Licht zu allen Feuern dieser Welt, um es im Zurückkommen zur Stärkung unseres inneren Feuers verwenden zu können.

Als letztes senden wir grünes Licht zu allen Gräsern, Blättern und Blüten von Pflanzen, Sträuchern und Bäumen. Es wird im Zurückkommen unser inneres Wachstum stärken.

Im Eros von Körper und Welt verstehen wir beide als Tempel. Wir erkennen, worauf wir bauen können und worin unsere Arbeit besteht. Sollte einer dieser Tempel zerstört werden, bevor die Arbeit vollendet ist, gehören wir alle zu den Verlierern.

8. Kapitel

INITIATIONSPROZESSE IN DIE MODERNE

Über die Notwendigkeit, der menschlichen Initiation in unserer Zeit eine Richtung ins Zeitlose zu weisen

Die Heraufkunft von totalitären Ideologien und die Wirklichkeit einer zerstörerischen Machtpolitik imperialer Beherrschung anderer Kulturen bestanden gleichzeitig mit dem geistigen Wagemut großer Entdeckergestalten, die sich den komplexen Erscheinungen ihrer Zeit zuwandten. Das Nebeneinander von bürgerlichen und kleinbürgerlichen Gewissheiten einerseits und einer wissenschaftlichen Aufbruchsstimmung andererseits kennzeichneten diese Epoche der Moderne. Diese Brüchigkeit der Zivilisation wurde von aufgeweckten Geistern als *Gleichzeitigkeit des Ungleichzeitigen* verspürt. Nicht wenige dieser wachen Zeitgenossen, welche die Schichten ihrer eigenen Epoche zu analysieren im Stande waren, waren europäische Juden, die ihr kulturelles Bewusstsein in die Zukunft des 20. Jahrhunderts einzubringen suchten.

Gott würfelt nicht – Der Geist in der Materie

Karl Marx analysierte das wirtschaftliche Funktionieren des industriellen Zeitalters, indem er den Widerspruch in der Geschichte philosophisch als Entfremdung zwischen

Mensch und Ware, zwischen Gebrauchswert und Tauschwert begriff. Indem er auf die Vorstellung eines ökonomischen Paradieses zurückgriff, das er als agrarischen Urkommunismus beschrieb, vermochte er die Geschichte des Menschen als fortschreitender Prozess, dialektisch angetrieben von Widersprüchen auf die Zeit des Industriezeitalters hin auszurichten. Er analysierte die gesellschaftlichen Widersprüche des 19. Jahrhunderts als Voraussetzung für die Perspektiven einer gerechten und menschlichen Gesellschaft, in der die Entfremdungen überwunden sein würden.[25]

Eine andere Ebene, auf welcher sich der gleiche Aufbruch zum Menschen hin kundtat, war die Erforschung der seelischen Verhältnisse in diesem Zeitalter der Erschütterungen. Auch Sigmund Freud, die Vatergestalt der Psychoanalyse, bezog sich kulturhistorisch auf eine von Mythen geprägte Epoche. Einerseits waren es die Götter der griechischen Antike, deren Begegnung mit menschlichen Helden die wechselseitig bedingten Verstrickungen der Seele in ihren alltäglichen Handlungen zum Vorschein brachten, andererseits fasste Freud die Geschichte in der hebräischen Bibel, wie sie ihm in der Gestalt von Moses in Ägypten in Erinnerung kam, als einen zutiefst menschlichen Konflikt, der das Verhältnis von Transzendenz und Immanenz, von Macht und Ohnmacht, von Einheit und Vielheit und nicht zuletzt von Elternschaft und Kindheit umfasst.

Keine wissenschaftliche Theorie hat jemals den Alltag so schnell und nachhaltig durchdrungen wie die Postulate der Psychoanalyse. Freud und seine Nachfolger Jung, Reich, Adler, Fromm und Szondi richteten nämlich ihre Aufmerksamkeit vor allem auf Bereiche, die durch die Vorherrschaft des rationalen Denkens zunehmend aus dem kulturellen Leben ausgegrenzt wurden: die Strukturen des menschlichen Bewusstseins, die uns gerade als Unbewusstes bedingen und beeinflussen. Jeder dieser Pioniere näherte sich dem eruptiven und chaotischen Geschehen, das sich abseits und jenseits unseres Bewusstseins ereignet, auf unterschiedliche Weise. Die Psychologie als *Revolution von unten* verlieh den unbewussten Prozessen eine eigene Sprache. Dabei fanden Jung und Fromm Hinweise auf ein allen Menschen gemeinsames Unbewusstes.[26] Während Fromm dieses Gemeinsame als das gesellschaftliche Unbewusste erkannte und diesen Vorgang als kulturelle oder politische Fixierung auf autoritäre Persönlichkeiten beschrieb, sah Jung[27] jede Erfahrung, alle Erkenntnis und jedes Weltbild, egal wo und zu welcher Zeit, von archetypischen Prinzipien geprägt. Die Kategorie des *kollektiven Unbewussten* versprach falsche Gewissheiten und war auch im Tagesgeschäft des Psychologen nicht unbedenklich. Doch war er ausgesprochen und dokumentiert nun einmal auch diese Zeit.

Die Entdeckung des Unbewussten ließ die lange Zeit stummen Resonanzböden des individuellen seelischen Raumes wieder erklingen und erweiterten das Interessen- und Erkenntnisgebiet der Psychologie in die Bereiche der Kunst, Religion, Mythologie und Geschichte. Künstler wie Max Ernst, René Magritte und Salvador Dalí begannen die surrealistische Bildsprache des Traumes zu integrieren, während Picasso – zusätzlich angeregt durch die Kunst Afrikas – ein freies Spiel zwischen Erotik und

Aggression, Krieg, Tod und Geburt entwickelte. Aufgabe dieser neuen Kunst war es, einer spirituell verarmten Gesellschaft neue Wirklichkeiten zu eröffnen sowie das Verdrängte sichtbar und gesellschaftsfähig zu machen. Und in diesen ersten Versuchen, im geistigen Vakuum der Nachkriegszeit neue Grundlagen zu finden, überwanden Generationen junger Europäer erstmals die eurozentrische Weltanschauung, welche bisher unsere Entwicklung in Kunst, Wissen und Moral prägte.

Neue Hoffnung weckte auch der radikale Wandel in der Wissenschaft. Allein in der Physik wurden im 20. Jahrhundert praktisch alle festen Grundlagen fragwürdig. Bereits im Jahr 1916 wurde das seit Isaac Newton dominante Paradigma der Mechanik durch die Allgemeine Relativitätstheorie von Albert Einstein widerlegt. Einsteins Theorie – von Physikern als schönstes aller wissenschaftlichen Gedankengebäude gepriesenes Werk – universalisierte Raum, Zeit und Materie untrennbar zu einem Ganzen. Kein Physiker hat sich je so vorbehaltlos dem Wunsch nach Schönheit verschrieben wie Einsteins Genius. Für ihn war Physik »ein begeistertes Staunen über die Harmonie der Naturgesetze, die eine Intelligenz von einer derartigen Überlegenheit aufweist, das im Vergleich dazu alles systematische Denken und Handeln von Menschen eine höchst unbedeutende Reflexion ist.«[28]

Mit solchen Aussagen begann Einstein die für unmöglich gehaltene Annäherung zwischen Wissenschaft und Religion ausgerechnet auf dem Forschungsgebiet einzuleiten, auf dem sich die beiden Pole europäischer Identität entzweiten: der Kosmologie! Einstein bezieht sich auf den Gott Spinozas, in dessen Denken und Fühlen sich die Freude menschlicher Erkenntnis und die unfassbare Liebe Gottes begegnen. Dadurch erneut inspiriert wandte sich die Neugier jenen Bereichen im Mikro- und Makrokosmos zu, die der menschlichen Erfahrung nicht zugänglich sind. Während Werner Heisenberg in der geheimnisvollen Welt des Allerkleinsten die Quantenmechanik entdeckte, welche das bizarre Verhalten von Elementarteilchen wie Quarks und Elektronen beschreibt, loteten Astronomen mit Hochleistungsteleskopen die Tiefen des Alls aus. Zugleich drangen Experimentalphysiker fast bis zum kosmologisch angenommenen Urknall vor. Die Entdeckung des Beginns allen Seins rückte durch den Begriff *Weltformel* langsam in den Erwartungshorizont der Forscher.

Das Wunderbare in den Welten

Doch die Natur zeigte sich vielschichtiger und geheimnisvoller als angenommen. Im Innern des Atomkerns tat sich eine neue, ungeheuer vielfältige Welt auf. Erst Anfang der 70er Jahre gelang es den Wissenschaftlern, die ganze Vielfalt der mikroskopischen Phänomene in einem Regelwerk von Naturgesetzen zusammenzufassen. Und danach zeigte sich, dass die beiden Pfeiler der modernen Physik – Einsteins Relativitätstheorie und die Quantenmechanik Heisenbergs – nicht zusammenpassen. Alle noch so ausgeklügelten Kunstgriffe, die dahinter liegende Einheit dieser beiden Theorien zu finden, endeten in außergewöhnlich absurden Gleichungen oder im Nichts, das ein Physiker in bildhafter Ironie mit dem biblischen Tohuwabohu verglich. In unserem Alltag braucht uns dieser Widerspruch zwar nicht zu beschäftigen, doch scheinen sich im Urknall Mikro- und Makrokosmos berührt zu haben. Wie konnte es geschehen, dass hier zwei völlig inkompatible Prinzipien entstanden sind? Eine mögliche Brücke wurde 1984 in der String-Theorie gefunden. Michael Green und John Schwarz vom California Institute of Technology fragten sich, ob die unendlich kleinen Teilchen wirklich Punkte sind – weswegen die Gleichungen nie aufgingen – oder ob es nicht auch Fäden, also Teilchen mit einer Ausdehnung sein könnten.

Auch sie begannen mit Gleichungen zu rechnen, bis eine zehndimensionale Raumzeit entstand, in der das Innerste der Materie in einem unvorstellbar reichhaltigen Schwingungsspektrum vibrierte. Edward Witten bezeichnete die Schönheit der Superstrings als wundersam, magisch und majestätisch. Seither gilt es als möglich, aber noch nicht als bewiesen, dass die Superstringtheorie alle vier Kräfte des Universums als Erscheinungsformen ein und derselben Urkraft darstellt. Dieser Traum von der Existenz der Weltformel beseelt nicht nur Physiker, sondern bringt auch die Seele dem Universum näher.

Und noch erstaunlicher: Im letzten Jahr des alten Jahrtausends verkündeten Astrophysiker nicht nur eine zweite kopernikanische Revolution, sondern entdeckten – durch die immer wundersamer erscheinende Entstehung des Universums –, dass wohl doch der Gott Spinozas, der den Schöpfergott der jüdischen Kabbala in die Sprache der

Philosophie transformiert hatte, seine Hand im Spiel gehabt haben muss. »Wenn wir Gott spielen« – erläutert der englische Physiker Paul Davies – »und die Werte für die Naturkonstanten frei wählen könnten, würden wir wohl entdecken, dass fast alle Einstellungen das Universum unbewohnbar machen würden.«[29] Selbst die Wissenschaft kommt also wieder auf das zurück, was jeder von uns schon fühlt: Wir sind von Beginn weg gewissermaßen im göttlichen Plan disponiert gewesen!

Messungen des Weltraumteleskops Hubble legten einerseits eindeutig das Alter des Universums auf 15 Milliarden Jahre fest und schafften andererseits den von Astronomen lang ersehnten Zusammenhang all der Daten, die sie seit der Entwicklung der Superobservatorien gewonnen hatten. Seither sind die Kosmologen Großem auf der Spur. Noch ist die Auswertung dieser Daten nicht beendet, doch steht fest, dass die Wissenschaft dem Geheimnis, dem die Entwicklung des Universums folgt, erheblich näher kommen konnte. Wenn das Wie der Schöpfungsgeschichte einmal geklärt ist, dann wäre viel Energie und Vorstellungskraft der Wissenschaftler frei für die eine Dimension höher liegende Frage nach dem Warum der Schöpfung.

Seit den 60er Jahren sind wir Zeugen von Veränderungen im menschlichen Denken, das in seiner vielstimmigen Unstimmigkeit noch etwas Weiteres gemeinsam hat: den offensichtlichen Zweifel an der Qualität des modernen Lebens. Jedenfalls lässt sich heute nur schwer abschätzen, wohin die modernen Gesellschaften steuern. Das langsame Gewahrwerden, dass die vorherrschende Weltauffassung uns schon bald die Lebensgrundlagen entzieht, motivierte viele junge, sensible Menschen zur Arbeit am kulturellen Schatten: Als Ethnologen, die über die anhaltende Zerstörung von eingeborenen Kulturen berichten oder als Historiker, die den Antiuniversalismus, Antisemitismus und Rassismus als menschenfeindliche Haltungen entlarvten. Im Rahmen einer kritischen Geschichtsbetrachtung und eines anderen Verständnisses von Kultur begannen die Frauen, ihre Unterdrückung zu analysieren. Wir alle kennen die dunklen Schatten, welche unsere materialistische Zivilisation auf die Welt geworfen hat, denn diese Schatten trennen unsere Seelen auch vom Licht der Erkenntnis. Dadurch einsichtig geworden, begannen in den letzten zwei, drei Jahrzehnten Millionen von Menschen sich neuen Bewusstseinsformen zuzuwenden, in der Hoffnung, aus der allumfassenden Sinnkrise herauszufinden. Einmal mehr veränderte und erweiterte sich der geistige Horizont der westlichen Welt. Die nicht nur den Eliten vorbehaltene Wiederentdeckung von hoch entwickelten, außereuropäischen spirituellen Überlieferungen begannen zunehmend das eigene Bewusstsein zu relativieren. In der Anschauung menschlicher Differenz scheint sich der Götterhimmel von Neuem zu öffnen. Europa wurde sich der spirituellen Traditionen der Urvölker erneut bewusst.

Hinduistische, islamische und buddhistische Mystik begann sich mit neuen wissenschaftlichen Ansätzen zu vermählen. Gregory Bateson und seine *Ökologie des Geistes*, Sheldrakes *morphogenetische Felder* und James Lovelock mit der *Gaia-Hypothese* sind Zeugen dieser

Sinnsuche. Wie schon in der Renaissance fällt es aber schwer, Altes und Neues, Heiliges und Scheinheiliges zu trennen, doch dessen ungeachtet erkennen wir allmählich dennoch eine Perspektive, in der sich Mensch und Natur, Geist und Materie, Intellekt und Seele vielleicht – wenn sich die Dinge der Welt günstig entfalten werden – miteinander versöhnen könnten.

Was den Tag der Versöhnung jetzt noch verhindert, wird uns klar, wenn wir sehen, dass die 4000 Jahre alte Geschichte Gilgameschs in vielerlei psychologischer Hinsicht unserer neueren kollektiven Geschichte entspricht. Genau das, was unser historischer Held begann, indem er Sinn, Zweck und Intelligenz der Natur und ihrer Repräsentantin, der Großen Göttin anzweifelte und versuchte, dies sich selber, genauer seinem Ich zuzuschreiben, hat unsere westliche Kultur am Ende des 20. Jahrhunderts vollendet. Allemal erstaunlich ist, wie früh dieses komplexe, intellektuelle und spirituelle Drama angelegt war und wie lange es dauerte, bis sich der Kreis wieder zu schließen beginnt. Jedoch, um diesen Kreis wirklich zu schließen, um tatsächlich in ein neues Zeitalter zu gelangen, müssen wir noch aus einer Falle des Bewusstseins herausfinden. Wie wir gesehen haben, sind die Träger nahezu aller entscheidenden Ideen, die zu unserem modernen Bewusstsein geführt haben, Männer. Ich und Bewusstsein, behauptet unsere moderne Psychologie deshalb scheinbar folgerichtig, sind archetypisch männlich. Das matriarchale Bewusstsein wird so zum mythologischen Urgrund und psychologischen Unbewussten, dem das patriarchalische Ich-Bewusstsein seine kreativen Impulse entnimmt. Jeder fortschrittliche Mann wird dem vorbehaltlos zustimmen, hat er doch inzwischen gelernt, dass die Kommunikation mit dem Unterbewussten und das Ernstnehmen der Gefühle der zeitgenössischen Aufwertung seiner Männlichkeit dient. Und genau hier liegt die Falle, denn sobald die Frau am politischen, wirtschaftlichen und sozialen System teilnimmt, muss sie, um wirklich mitzuentscheiden, sich zuerst der Frage nach ihrer männlichen Seite stellen. Die gesellschaftliche Partizipation drängt die Frauen wie von unsichtbarer Hand geleitet zu einer Bewusstseinsentwicklung, welche gleichzeitig eine Selbstentfremdung bewirkt. Patriarchale Schatten, könnte man leichthin denken, doch diese Schatten sind wir alle. Und die Wand, gegen die wir täglich anrennen, ist letztlich nichts als ein Schatten, der Schatten eines einseitigen, verwirrten Bewusstseins, in dem das Weibliche zum Gegenstand von Verdrängung, Kontrolle und Ausbeutung wurde, statt es um seiner selbst willen als Quelle und Ziel unseres Lebens anzuerkennen.

Dieses männliche Ich, das philosophisch und wissenschaftlich jeden denkbaren Horizont überschritten hat, um sein *Ich-bin* in die entferntesten Galaxien hinauszuschreien, wird jedoch auf ewige Zeiten ohne jedes Echo weiter existieren müssen. Es hat sich durch seine Teilung von Körper und Seele aus jeder spirituellen Dimension, die das Einzigartige mit dem Universellen verbindet, selbst ausgeschlossen. Die Mauern, die einst Gilgamesch zwischen sich und dem Wald errichtete, verdichteten sich durch den zivilisatorischen Prozess derart, dass uns heute gar ein selbstgewählter spiritueller Weg noch tiefer in die Ichbezogenheit hineinführen kann. Sobald wir von einer Lehre überzeugt sind, dass sie uns befreien wird, empfehlen wir diese gleich mit dem Eifer von Missionaren weiter. Und wenn wir dabei auf leise Vorbehalte stoßen, beginnen wir auch schon, diesen Weg – und damit unser Ich – zu verteidigen und zu schützen. So ziehen wir uns noch mehr in uns selbst zurück. Der Körper wird zu einer Festung für die verletzte Seele. Doch solcherart Schutz hat einen hohen Preis: die Sehnsucht und unsere Lebendigkeit bleiben dadurch gleich mit eingesperrt. Hier sehen wir die Tragik derer, denen die große Geschichte der Seele abhanden gekommen ist oder nie erzählt wurde.

Die Entstehung dieser Mauern war ein evolutionärer Prozess, der am Ende einen tragischen, aber auch fundamental eigenständigen Menschen hervorgebracht hat. Deshalb können wir diese Mauern auch nicht in irgendeinem revolutionären Akt der Befreiung zerstören, denn die dabei entstehenden Trümmer würden uns unweigerlich selbst treffen. Es gilt vielmehr, diese Mauern im alltäglichen Miteinander Stück für Stück abzutragen, um mit den herausgebrochenen Steinen eine neue, filigrane Brücke zu bauen. Eine Brücke, die das männliche mit dem weiblichen Ufer erneut verbindet, damit der Strom der Zeit durch Kommen und Gehen, Geburt und Tod, Schöpfung und Verfall, Unfruchtbarkeit und Wiedergeburt frei fließen kann – immer weiter bis zu jener uns unbekannten Offenbarung, in der die Zeit ins Zeitlose mündet.

NEUNTE ÜBUNG:

Eros zwischen Mann und Frau

Die letzte Übung kann nur die glücksbringende Nutzung des Zufalls sein, der Sie trotz ständiger Betriebsamkeit, psychischer Introvertiertheit und sozialer Hemmungen die Aufmerksamkeit eines anderen Menschen erregen lässt. Ergreifen Sie die Chance ohne Angst vor ungeahnten Möglichkeiten und steigen Sie ein ins inspirierende Spiel einer neuen Beziehung. Öffnen Sie Ihre geistigen und emotionalen Barrieren, langsam und mit Behutsamkeit, und die allmähliche Entwicklung Ihrer Zuneigung wird Nähe nicht nur wünschen, sondern auch wollen, herbeiführen und liebevoll verfeinern. Sie entdecken den göttlichen Eros Ihres Partners in Lichtstreifen der Abendsonne, welche über sein Gesicht fallen, in den Zukünftiges beschreibenden Gesten seiner Hände, im Wohlbefinden des Augenblicks, in Sinn stiftender Vertrautheit und in einer außergewöhnlichen Bewusstseinsbereicherung. Wir entdecken in Achtsamkeit das Wunder der zerbrechlichen Nacktheit. Öffnen Sie jetzt die Tore der Erinnerung: Ohne Grund und Ursprung des Eros würden wir nie so voreinander stehen können. Von Anbeginn hat Eros Sehnsüchte, Herzen und Körper; Ideen, Menschen und Welten; Gebete, Meditationen und Gott zu einem fassettenreichen Wunsch verbunden. Diese Erinnerung ist ein Ja zur Welt und wird Ihnen auch den Weg aus der Verliebtheit in allumfassende Liebe weisen.

9. Kapitel

EPILOG

Ausblicke ins Zeitlose

Mythen und Philosophie, die Geschichte der Religionen und der Wissenschaften, sie alle haben uns immer wieder von Neuem mit der Sinnfrage konfrontiert. Aber worin besteht Sinn, was ist konkret für eine Aufgabe gemeint?

Ich wünschte, ich könnte dies mit einem Satz klar beantworten. Unser neues Jahrhundert verträgt voreilige Antworten nur schlecht. Versuchen wir zu klären, was *Sinn* bedeutet, fällt uns auf, dass auch dieses Wort viele Bedeutungen hat. Je nach Lebenssituation erblicken wir darin die Entdeckung von Perspektiven oder den Mangel an Vertrauen und manchmal steht Sinn für die Lebensintensität oder für das Suchen nach Zusammenhängen oder die Festlegung neuer Orientierungspunkte. Man kann auch Sinn darin finden, sich als Teil eines Ganzen zu sehen, einer Geschichte oder Vorstellung, mag diese freudig oder traurig, hoffnungsvoll oder angstvoll sein.

Sinn bedeutet, dass ich etwas zu mir rechnen kann. Aber die Tatsache, dass mir etwas sinnvoll erscheint, heißt noch nicht, dass es dies auch ist. Ein Sinn mag ein falscher oder vorläufiger Zusammenhang sein; aber erst, wenn ich herausgefunden habe, was richtig sein könnte, erkenne ich einen Zusammenhang als falsch oder unvollständig. So kommt als weitere Forderung dazu, dass Sinn stets vollständig werden will und alle Aspekte dessen, was mich betrifft, umschließt. *Mich betrifft*: Wiederum haben wir eine weitere Komponente des Sinnes, hier in Bezug auf ein Subjekt, auf ein *Wer*. Aber wer ist dieser *Wer*? Wieder kann ich mich irren. Ich kann glauben, ich sei Glied eines Volkes, Bekenner einer Weltanschauung, Hüter einer bestimmten Geschichte. Dies alles kann auch vorläufig sein. So schürfen wir tiefer und kommen aus allen Vorstellungen und Interpretationen heraus auf eine andere Art von Sinn: zur Fähigkeit, überhaupt Sinn zu erfassen. Und dieser Sinn ist nicht mehr ein Etwas, etwas Beschreibbares, sondern ein Nichts und als *Nichts* eben ein Nichtbeschreibbares.

Sinn ist also nie statisch, sondern immer und stets dynamisch, ein dauerndes Werden. Dieses Werden muss einen Ursprung haben, einen Quell, der notwendigerweise unerschöpflich ist. Diesen Quell allen Sinnes nennen Menschen beispielsweise Gott. Ohne diesen Sinn kann ich nur von bereits Bestehendem Sinn auf- und wahrnehmen. Nur wenn ich diesen Quell akzeptiere, kann ich in mein eigenes Nichts hinein und damit den Weg zur echten Erfüllung finden. Dieser Sinn, der aus Gott heraus wirkt, ist allgegenwärtig, mit allem in Beziehung. Diese Beziehung nenne ich Sinn, in ihm bin ich verwurzelt. Gleichzeitig bin ich auch ein noch nicht Ganzes, jemand also, der eine Geschichte hat, denn durch diese Geschichte bin ich beschränkt, sie hätte auch anders werden können. So bin ich geprägte Vergangenheit, die mir eine gewisse Verwirklichung in der Welt ermöglicht. Denke ich nur an die Höhe der Verwirklichung und fühle mich losgelöst als Funktion, dann bin ich nur Ich, und noch lange nichts Ganzes. Denke ich an Gott als Wurzel des Universums, dann kann ich immer wieder einen Sinn zu meinem Hiersein hinzufügen, ja darüber hinaus, als ein Freund Gottes Mitwirkender der Schöpfung sein.

Wenn wir in der menschlichen Realität das individuelle Selbst wieder mit der Welt verbinden wollen, müssen wir begreifen, dass unser einzigartiges Erbe – ein reflektierendes Bewusstsein – mit einer entsprechenden Verantwortung verbunden ist. Wir spüren und erkennen immer mehr, dass die Evolution unserer Erde in ihre Zerstörung umzuschlagen droht. Wir müssen uns ohne Zögerlichkeiten und Ausreden dafür entscheiden, unsere Energie zur Erhaltung unserer Erde zu verwenden. Betrachten wir zudem die Evolution aus einer psychologischen Perspektive, wird deutlich, dass es dabei nicht nur um das Überleben einzelner Lebensformen geht, sondern auch um das Überleben von Informationen und Informationsmuster wie Sprachen, Religionen, Kunst, Wissenschaften und Lebensweisen.

All dies ist mit unserem Selbst verknüpft, welches als Teil des Evolutionsprozesses wie jeder andere Teil seine Forderungen stellt. Es will seine Form bewahren, sich selbst reproduzieren, auch wenn der Körper, in dem es selbst lebt, sterben wird. Ein Selbst, das sich nur mit materiellen Werten identifiziert, wird seinen Egoträger dahin führen, immer mehr materiellen Besitz anzuhäufen, und zwar ohne jede Rücksicht auf Umwelt und andere Menschen. Und genau deshalb hängt unsere Zukunft auch davon ab, welche Art von Selbst wir entwickeln und in welche sozialen und ökologischen Strukturen wir es einbinden.

Außerdem verlangt heute die Psyche nach einem Menschen, der sich der vorübergehenden Abtrennung vom Ganzen während seines seelischen Heilungsprozesses bewusst ist und anerkennt, dass seelische Reife ein persönliches Geschenk an die Gemeinschaft erfordert. Eine als Philosophin, Exilantin und Frau eindrückliche Gestalt wie Hannah Arendt hat uns die Erkenntnis vermittelt, dass die menschliche Bringschuld darin besteht, zur zivilgesellschaftlichen Verfasstheit einer humanen Welt in bewusster Weise beizutragen, um den Menschen eine gemeinsame Perspektive zu geben.

Ein Selbst, dass zukünftiges Werden auf dieser Erde miteinschließt, wird – in Kontrast zu einem Teil der abendländischen Traditionen – den Menschen nicht als letztgültigen, obersten Wertmaßstab, als die Krone der Schöpfung ansehen, sondern als Glied in der Schöpfungskette und damit als wichtiges Mitglied der Ganzheit organischen Lebens. Wir müssen hier also zu würdigen lernen, dass Lebensformen keine Pyramiden bilden, auf deren Spitze das menschliche Ich steht, sondern vielmehr einen dynamischen, gleichsam spiraligen Kreis, in dem alles mit allem durch Ruhe und Bewegung verbunden ist.

Dabei geht es nicht darum, unsere Identität als Menschen zu leugnen, sondern diese Identität in eine neue

Perspektive zu stellen. Es ist die große Perspektive unseres nicht nur menschlichen, sondern auch ökologischen Selbst.

Erste Spuren eines solchen anthropozentrischen Bewusstseins finden wir in der Ökologie des Geistes, in der Suche unzähliger Menschen nach spiritueller Erneuerung, in der Wertschätzung unterschiedlichster Kulturvölker, in der transpersonalen Psychologie, in grüner Politik, im Gaia-Bewusstsein, in den femininen Perspektiven und im ethischen Horizont einer partizipatorischen Auffassung vom individuellen, sozialen, wirtschaftlichen und politischen Leben. In dieser Neubewertung der Würde des Menschen und der Schöpfung zeigt sich die Krise des modernen Lebens als eine Krise des auf sich selbst konzentrierten, sich selbst rechtfertigenden und narzisstisch überhöhten Ich.

Es ist indessen ein männliches Ich, dessen mythologische Hervorbringung wir in der Gilgamesch-Geschichte mitverfolgten und das sich im Laufe seiner 4000-jährigen Entwicklung so vollkommen aus dem Zusammenhang, der ihn hervorbrachte, herausgelöst hat, dass die individuelle und kulturelle Wendung ins Negative, in eine geist- und seelenlose Welt heute eine tatsächliche Bedrohung darstellt. Der von Gilgamesch ausgelöste und durch fast ausschließlich männliche Genies der Religion, Kunst, Philosophie und Wissenschaft vorangetriebene heroische Schub brachte zwar ein einzigartiges, autonomes, freies Ich hervor, hinterlässt jedoch im Eifer, seine Unabhängigkeit durchzusetzen, eine immer größere

Zahl von Menschen erschöpft, beziehungslos und in Armut zurück. Was mit dem Fällen des heiligen Baumes begann, entwickelte sich zu einer technologischen Vergewaltigung der Natur; so wie die wünschenswerte Überwindung der Großen Mutter in einer totalen Trennung und Entfremdung all dessen endete, was sie repräsentierte: Gefühle, Empfindungen, Instinkte, Weiblichkeit, Natur und Seele.

Deutlich sichtbar wird jetzt jene Grenzlinie, auf der unsere Reflexionen über unsere geistige Vergangenheit in die Frage gewendet werden müssen, was in Zukunft sein könnte. Und andersherum: Hier angelangt, hört unser Fragen, was sein könnte, nicht auf zu ergründen, was gewesen ist. Sicher ist dabei, dass beides, unser individuelles Bewusstsein wie auch unsere soziale Wirklichkeit in vielerlei mythologischen Gründen wurzeln. Ebenso bestimmt können wir sagen, dass der moderne Atheismus, der sich aus wissenschaftlichem Rationalismus, Materialismus und der Idee des immer währenden Fortschritts zusammensetzt, eine Genealogie aufweist, die uns zum Christentum des hohen Mittelalters zurückführt. Wir haben die ausschlaggebenden Vorentscheidungen, die zur Ausbildung unserer modernen, säkularisierten Welt geführt haben, im 13. und 14. Jahrhundert ausgemacht und festgestellt, dass die Wissenschaft weder voraussetzungslos noch neutral und schon gar nicht ohne große Gefahren für die innere Entwicklung des Menschen und die äußere Erhaltung der Natur ist.

Dass wir uns selbst zur Frage wurden, dass sich immer mehr Menschen ihrer Seele nicht mehr sicher sind und dadurch auf das Wozu ihres Lebens keine Antwort mehr finden, zeigt klar genug, dass es nicht mehr allein darum geht, was wir denken, sondern ebenso darum, was uns denkt. Eben deshalb ist es zur Heilung unserer Seele notwendig, immer wieder einen Schritt zurückzutreten, um unter unseren Füßen die persönliche und kollektive Vergangenheit wahrzunehmen. Denn die Vor- und Grundfragen unseres Lebens zeigen sich in den Mythen ebenso wie im Überblick der dramatischen, einzigartigen Reise des westlichen Geistes in die Doppelwahrheiten. Und indem wir die Mythen, die unsere Kultur prägten, mit der Geschichte unserer menschlichen Gesellschaft zusammenbringen, erfahren wir eine wechselseitige Herausforderung, die darauf hinweist, dass der Geist des Menschen – egal in welcher Ausdrucksform – insgesamt einem Weg folgt, dessen Struktur und Anlage im menschlichen Suchen nach Transzendenz zu ergründen ist.

Im Überblick unserer geistigen und kulturellen Überlieferungen zeigt sich nämlich nicht nur eine unerhört spannende Aufeinanderfolge von Weltbildern, sondern auch ein strukturelles Prozessmuster, das sich aus den Elementen von Reife, Wachstum, Krise und revolutionären Veränderungen zusammensetzt. Und diese Dynamik, die aus dem mythologischen Bewusstsein die jüdisch-christliche Weltsicht von Schöpfung, Offenbarung und Erlösung, die Mystik und Metaphysik, Philosophien, Kunst und Wissenschaft entwickelte, ist noch lange nicht abgebrochen. Wohl aber ist sie an einem Wendepunkt angelangt, an dem es nun gilt, die überkommenen Begrenzungen des kulturell-geistigen Selbstverständnisses erneut zu durchbrechen und in einen Dialog zu überführen.

Wir alle stehen heute an einer Schwelle, sehen beinahe täglich, wie Bekanntes zu Ende geht und etwas Anderes beginnt, etwas, das uns den Versuch unternehmen lässt, einen anderen Zustand, ein anderes Dasein zu finden. Und wo wir das Neue finden, wird nirgends so deutlich sichtbar wie in der Perspektive und den Anregungen, die wir der feministischen Analyse unseres Entwicklungsprozesses verdanken. Am Rande einer Geschichte angekommen, die mit der Abtrennung des männlichen Ichs vom Universum, vom Gesamtzusammenhang begann, zeigt die emanzipatorisch motivierte Überprüfung all die verhängnisvollen Konsequenzen, welche auf die dominanten Annahmen von Gott, Natur, Wirklichkeit sowie andere Bereiche männlicher Erfahrung zurückzuführen sind.

Auch ohne auf einzelne Implikationen einzugehen, können wir von dieser Einsicht her eine überragende, grundlegende Überzeugung formulieren. Sie ist in der universalen Gültigkeit der unantastbaren Würde des Menschen und seiner Verantwortung in der Schöpfung begründet. So modern diese Einsicht klingen mag, sie ist es nicht. Wir lernten diese Überzeugung bereits als eine Geschichte der Seele im Mythos von Psyches Initiationsweg kennen. Der Kulturwissenschaftler Jacques Picard hat darauf hingewiesen, dass in der Geschichte der Menschen das Denken sich stets von neuem einen Anfang zu schaffen sucht: Sich eine Zukunft schaffen heißt sich zu erinnern.[30] So treffen sich Anfänge unserer Seelengeschichte mit den Anfängen einer neuen, weder männlichen noch weiblichen, sondern gemeinsamen menschlichen Geschichte in der Überzeugung, dass eine ganzheitliche Beziehung unseres Geistes zur Welt nicht durch Dualismus, wohl aber durch Partizipation von Ebenbürtigen erreicht wird.

Partizipation ist Bezogenheit. Durch Einsicht und Verständnis, durch Achtsamkeit und Engagement auf alle Aspekte unseres Selbst und unserer Welt schaffen wir so nicht nur eine Annäherung zwischen den individuellen und kollektiven Seelenwegen, sondern auch eine neue Verbindung zur Liebe, zum ewigen Statthalter der Transzendenz.

In diesem Hinstreben zum andern, in der Überwindung dessen, was Menschen voneinander trennt, liegt nicht nur das Geheimnis der Liebe, sondern auch dasjenige der Erkenntnis. Auch diese Einsicht verdanken wir Psyche, war es ja nicht ihr Geist, welcher der Natur eine Ordnung vorschlug, als vielmehr der Geist der Natur, der durch die Ameise, das Schilf und den Adler seine Ordnung in ihr hervorbrachte und sie so zu Erkenntnis und Liebe führte.

Psyches partizipatorisches Handeln zeigt also, dass auch in subjektiver Hinsicht das wahre Sein der Welt zum Ausdruck kommt. Indem sie jeden Moment auf ihrer Reise für Veränderungen offen war, gelang es ihr immer besser, vom Tun ins Sein zu kommen; die erforderliche Qualität des Augenblicks zu leben; eine Wirklichkeit ohne Worte wahrzunehmen, die archetypische Macht der großen Gesetze und wohlwollender Kräfte zu spüren. So war Psyche fähig, Ich und Selbst zu unterscheiden und in den Berührungspunkten die Einsicht reifen zu lassen, dass ihr Geist Träger eines Prozesses der Selbstoffenbarung der Natur ist.

Alles deutet darauf hin, dass die Quellen von Erkenntnis und Liebe weit tiefer als im Menschlichen liegen und dadurch auf eine Verbindung von Geist und Kosmos hinweisen. Und je tiefer der Liebende und der Erkennende in seine je eigene Voraussetzung zurücktritt, um sich selber im Ursprung zu erkennen und zu erfahren, desto eher wird eine Begegnung der so lang und schmerzhaft getrennten Welten möglich sein. Wenn wir uns als Suchende wieder begegnen, werden wir im Andern ehren, was sich in ihm selbst nach Liebe und Erkenntnis, nach einer neuen, werdenden Welt sehnt. Wir werden uns die Gleichwertigkeit von psychischer und intellektueller Erfahrung anzunehmen erlauben und vielleicht auch Orte schaffen, wo Wissen und Weisheit, Ausbildung und Initiation kontextuell gelehrt werden. Wir werden Poesie und Philosophie, Spiritualität und Wissenschaft, Kunst und Technik als verschiedene doch gleicherweise unentbehrliche Widerspiegelung globaler, das Leben formender Kräfte anerkennen. Das solang dominierende, jedoch entfremdete Männliche kann sich mit dem ebensolang unterdrückten, nun aber aufstrebenden Weiblichen plötzlich wieder soviel Zukunft vorstellen, wie sie als Menschheit schon an Vergangenheit hatten.

Aus meiner eigenen kleinen Geschichte der Seele heraus bleibt am Ende der Wunsch, dass es uns durch das Vertrauen in die eigene Tiefe gelingen möge, uns für diesen Übergang in diese heikle Schwebe zu bringen. Auf einer neuen Ebene das zusammenzufügen, was unsere Kultur auseinander gerissen hat. Und so wie uns Religion, Kunst, Philosophie und Wissenschaft geholfen haben, uns zu erinnern, was unsere Seele weiß, können wir nun daran gehen, all das zu ehren, was unsere Seele braucht.

Anmerkungen

1 Schwarzer Hirsch, zit. in: Ulla Wittmann: *Leben wie ein Krieger.* Interlaken: Ansata 1984, S. 14
2 Ebd., S. 28
3 Vgl. Nicolai Gogol: *Die toten Seelen.* München: Goldmann 1984
4 Zit. in: Apuleius: *Amor und Psyche.* Zürich: Manesse 1999, S. 10
5 Ebd., S. 41
6 Ebd., S. 45
7 Vgl. Hermann Levin Goldschmidt: *Freiheit für den Widerspruch.* Schaffhausen: Novalis 1986
8 Zit. in: Thomas Moore: *Der Seele Flügel geben.* München: Knaur 1984, S. 129
9 Zit. in: *Das Gilgamesch-Epos.* Stuttgart: Reclam 1958, S. 46
10 Ebd., S. 55
11 Zit. in: John S. Dunne: *Lebenszeit und Mythos.* München: Kösel 1989, S. 44
12 Vgl. Thomas von Aquin: *Summa Theologiae.* Einsiedeln: Benziger 1947
13 Vgl. Aristoteles: *Vom Himmel. Von der Seele. Von der Dichtkunst.* Zürich: Artemis 1950
14 Meister Eckhart, zit. in: Walter Nigg: *Das Buch der Ketzer.* Zürich: Diogenes 1986, S. 294
15 Ebd., S. 295
16 Ebd., S. 294
17 Ebd., S. 297
18 Vgl. Giovanni Pico della Mirandola: *Über die Würde des Menschen.* Zürich: Manesse 1996
19 Vgl. Pietro Redondi: *Galilei – Der Ketzer.* München: Knaur 1989

20 Johannes Kepler, zit. in: Richard Tarnas: *Idee und Leidenschaft.* Hamburg: Rogner und Bernhard 1997, S. 314

21 Vgl. John McPhee: *Basin and Range.* New York: Villard Books 1989

22 Zit. in: Stephen Jay Gould: *Wie das Zebra zu seinen Streifen kommt.* Frankfurt: Suhrkamp 1991, S. 41

23 Vgl. Sigmund Freud: *Das Unbehagen in der Kultur.* Frankfurt: S. Fischer 1960

24 Vgl. Herbert A. Strauss: *Eine jüdische Jugend in Deutschland 1918–1943.* Frankfurt: S. Fischer 1990

25 Karl Marx: *Zur Kritik der politischen Ökonomie,* in: Marx/Engels, *Werke 13,* Berlin: Dietz 1961

26 Fromms Überzeugung, dass die psychische Strukur des Menschen durch gesellschaftliche Bedingungen geprägt und darin an autoritäre Persönlichkeiten fixiert sei, findet sich in seinen Frühschriften. Vgl. Erich Fromm: *Die Gesellschaft als Psychoanalyse.* Hg. Rainer Funk, Frankfurt: Suhrkamp 1993

27 Der bekannte Zürcher Psychologe C. G. Jung glaubte in der 1930er Jahren für das *Kollektive Unbewusste* die unsinnige Unterscheidung zwischen einer *arischen* und *jüdischen* Psychologie verbreiten zu müssen. Siehe Karl Falland: *Psychoanalyse bis 1945,* in: Mitchell G. Ash u.a. (Hg.), *Geschichte der deutschen Psychologie im 20. Jahrhundert.* Wiesbaden: Westdeutscher Verlag 1985, S. 133 ff.

28 Vgl. Albert Einstein: *Einstein sagt. Zitate, Einfälle, Gedanken.* München: Piper 1999

29 Vgl. Paul Davies: *Die Unsterblichkeit der Zeit.* München: Scherz 1995

30 Jacques Picard: *Eine Politik der Erinnerung,* in: Traverse, Zürich 1996, S. 8 ff., und ders.: *Vermächtnis als Frage der Zukunft,* in: Julius Carlebach (Hg.), *Wissenschaft des Judentums.* Darmstadt: Wissenschaftliche BG 1992, S. 118 ff.

JOHANNES VON BUTTLAR

Der flüsternde Stein

Götter, Priester, Könige: Das Geheimnis der Kristall-Orakel

224 Seiten mit farbigen Abbildungen, gebunden mit Schutzumschlag
ISBN 3-89631-328-2

Eine faszinierende Spurensuche nach Antworten auf
die ungelösten Rätsel des Menschseins.
Johannes von Buttlar forscht einem der spannendsten Rätsel
der Menschheitsgeschichte nach: dem Geheimnis
der kommunizierenden Welten,
des Lebens und des reflektierenden Bewusstseins
über die Bedeutung der Dolmen und Steinkreise bis
hin zu den neuesten Erkenntnissen
der Elementarphysik und der Kosmologie.
Seine erstaunliche Entdeckung: Materie ist kommunikationsfähig.

ATLANTIS